DICTIONNAIRE DES GRANDS (ET PETITS) PERSONNAGES DES RÉPUBLIQUES FRANÇAISES

Philippe BEDEI

Copyright 2024, Philippe Bedei

Édition : BoD • Books on Demand GmbH, In de Tarpen 42, 22848 Norderstedt (Allemagne)

Impression : Libri Plureos GmbH, Friedensallee 273, 22763 Hamburg (Allemagne)

ISBN : 978-2-3225-5489-8

Dépôt légal : Septembre 2024

Présentation générale

Le présent dictionnaire a pour principal objectif de faire (re)découvrir au lecteur, et en accéléré, ce que furent les principales actions des quelque deux cent cinquante personnalités publiques françaises (politiques, militaires ou philosophiques) ayant œuvré entre 1875 et la période contemporaine. Cela recouvre donc trois républiques : la IIIe, la IVe et la Ve, toujours en cours de nos jours, ainsi que la petite parenthèse historique de l'État français, entre 1940 et 1944.

L'avantage de la formule tient au caractère ramassé de l'objectif final (faire redécouvrir en **une seule page** les principales actions des personnalités sélectionnées) et à sa facilité d'emploi puisque chacune de ces dernières y figure, naturellement, par ordre alphabétique. Au titre purement indicatif, en haut et à droite de chaque fiche nominative, figure la période (ou l'événement) majeur à l'intérieur duquel la personnalité concernée a principalement œuvré. Mais il va de soi que pour de très nombreux acteurs recensés, dont la vie publique fut longue et conséquente, cette information n'est indiquée qu'à titre supplémentaire.

Cette précision apportée, le dictionnaire comprend donc 9 items de référence dont les intitulés sont rappelés ci-après, par ordre chronologique :

La IIIe République ;

L'Affaire Dreyfus ;

Les Colonies ;

Vichy ;

La Résistance intérieure ;

La Résistance extérieure ;

La IVe République ;

La Guerre d'Algérie ;

La Ve République ;

Deux points particuliers sont encore à préciser. Étant donné que la Ve République, bien qu'ayant débuté en 1958, reste toujours d'actualité, il va de soi que ne sont mentionnés ici que les seuls acteurs de cette période qui sont aujourd'hui décédés. En second lieu, cinq personnalités particulières, toutes « Président de la République » sous la Ve, ont fait l'objet d'un traitement spécifique : **Deux pages au lieu d'une** ! Par ordre temporel d'élection à leur fonction, il s'agit du général de Gaulle, de Georges Pompidou, de Valéry Giscard d'Estaing, de François Mitterrand et de Jacques Chirac. La longévité et la richesse de leurs carrières respectives dictant naturellement ce choix.

(Ve République)

Aron Raymond
(1905 – 1983)

Philosophe, sociologue et journaliste, Raymond Aron fut probablement le plus grand intellectuel politique du XXe siècle. Diplômé de Normal Sup à 23 ans il devint agrégé de philosophie en 1928. Il ne commença pas directement à enseigner et préféra continuer d'étudier quelques années à Berlin dans les années 30, durant la montée du nazisme. Dès 1935, il publia ses premiers ouvrages et devint docteur en philosophie. Attiré par le journalisme, il entama une carrière dans ce milieu en rejoignant les rédactions de « La France libre », de « Temps Modernes », du Figaro ou encore de l'Express. Très engagé en politique, il exerça ce métier aussi bien comme journaliste que comme philosophe. Il étudia profondément les racines du totalitarisme ainsi que les relations internationales. Son ouvrage le plus connu « *L'Opium des intellectuels* » écrit en 1955 se présenta comme un essai cherchant à comprendre l'engouement des intellectuels pour le communisme. Professeur à la Sorbonne en 1956, membre de l'Institut en 1963, professeur au Collège de France en 1970, Aron se voulut également sociologue (« *Dix-Huit Leçons sur la société industrielle* » (1963) « *Démocratie et Totalitarisme* », (1965); « *Penser la guerre, Clausewitz* » (1976). Il ne cessa jamais de s'opposer à l'interprétation de l'histoire donnée par les marxistes : « *Essai sur les marxismes imaginaires* » (1965).

(IVe République)

Auriol Vincent
(1884 – 1966)

Vincent Auriol, juriste de formation, était âgé de 63 ans quand il fut élu Président de la République, en janvier 1947. Toute sa vie politique antérieure, il milita au sein de la SFIO dont il devint progressivement le spécialiste des questions financières. Il devint donc ministre des Finances dans le gouvernement Blum du Front populaire. Profondément hostile au régime de Vichy il entra en résistance en 1942 et rejoint Londres en 1943 où il se mit à la disposition du général de Gaulle qui le nomma président de la commission des finances de l'Assemblée consultative d'Alger puis ministre d'Etat en 1945 du Gouvernement Provisoire. Par la suite, Vincent Auriol, qui était favorable au régime d'assemblée, ne pouvait plus suivre le général de Gaulle, adepte d'un exécutif fort. Auriol fut alors nommé président de la première, puis de la seconde assemblée constituante, celle qui fonda la Quatrième République. Sur cette base, son élection de janvier 1947 fut aisée et acquise dès le premier tour. Considéré comme un président « arbitre », il s'évertua cependant à favoriser l'émergence au pouvoir d'une « troisième force » faisant contrepoids aux communistes et aux gaullistes. Son mandat de 7 ans fut cependant marqué par une grande instabilité politique puisque pas moins de 14 présidents du Conseil se succédèrent sous sa présidence.

(Ve République)

Badinter Robert
(1928 – 2024)

De confession juive, Robert Badinter fut d'abord le témoin direct de la déportation de nombre des membres de sa famille (son père, sa grand-mère paternelle, son oncle maternel) avant de s'installer près de Chambéry. Après la guerre, il fit des études de lettres et de droit à l'Université de Paris, entre 1947 et 1948. Mais ce fut en 1952 qu'il obtint son doctorat en droit avant de réussir le concours de l'agrégation de droit privé en 1965. Par la suite, il mena de front une carrière d'avocat et de professeur d'abord en province puis à Paris. Grand défenseur des droits de l'homme, il se fit d'abord un nom en 1972 à partir de l'affaire de la prise d'otages sanglante de la centrale de Clairvaux où il tenta, en vain, de sauver la tête de l'un des deux accusés, probablement innocent. Plus tard, lorsqu'il devint ministre de la Justice en 1981, il proposa l'abolition de la peine de mort. Un sujet délicat qui donna lieu à un débat houleux à l'Assemblée nationale aussi controversé qu'historique, jusqu'à l'abolition. La même année, il soutint également, aux côtés de Gisèle Halimi, la proposition de loi visant à dépénaliser l'homosexualité. Après avoir présidé le Conseil constitutionnel de 1986 à 1995, il fut élu sénateur des Hauts-de-Seine jusqu'en 2011. Puis, après son mandat, il créa un cabinet de consultations juridiques, nommé « Corpus consultants », composé de professeurs, agrégés de droit et reconnus dans leur domaine.

(IIIe République)

Barbusse Henri
(1873 – 1935)

      Journaliste dès l'âge de seize ans Henri Barbusse fut d'abord influencé par « le Parnasse » (mouvement de poètes se nourrissant des sciences de la nature et de la philosophie) et par le symbolisme. Ses premiers poèmes (*Le Mystère d'Adam*), réunis en recueil en 1894, furent salués à la fois par Mallarmé et par Barrès. Puis Barbusse évolua vers le naturalisme, et son roman « *L'Enfer* » paru en 1908, constitua une fresque sociale saisissante. La guerre vint accentuer son engagement. Dès qu'elle fut déclarée, ce pacifiste convaincu s'engagea en première ligne, et ce fut sur un lit d'hôpital qu'il écrivit, en 1916, « *Le Feu* ». Dans ce célèbre livre, Barbusse souhaitait donner à son témoignage la dimension collective de l'épopée. Les scènes quotidiennes des tranchées, la pluie, la faim, l'absurdité des combats et des morts étaient décrites avec un réalisme dépouillé étreignant le lecteur. Barbusse s'intéressait uniquement aux combattants de base, cette masse ignorante et largement méprisée des officiers. Barbusse se forgea ainsi un idéal révolutionnaire qui le conduisit naturellement au communisme auquel il adhéra en 1923. Ses deux romans : « *Clartés* » paru en 1919, et « *la Lueur de l'aube* » paru en 1921, furent dès lors empreints de ses convictions marxistes. En 1935, Barbusse mourut à Moscou au cours d'un voyage.

(Ve République)

Barre Raymond
(1924 - 2007)

Raymond Barre naquit à Saint-Denis de la Réunion. Agrégé de droit et d'économie, diplômé de Sciences-Po Paris, il se lança en politique dans les années 1950, parallèlement à sa carrière d'enseignant-chercheur en économie. En 1959, il publia un « traité d'économie politique » qui devint une référence dans le milieu estudiantin. Il commença ensuite une carrière politique en devenant directeur de cabinet de J. M. Jeanneney, alors ministre de l'Industrie du gouvernement. Européen convaincu, il devint vice-président de la Commission européenne de Bruxelles en charge des affaires économiques et financières de 1967 à 1973. Dans le cadre de ces fonctions, il fut associé à diverses initiatives à l'origine de la création d'une unité de compte européenne. En janvier 1976, Raymond Barre se lança définitivement en politique. Il fut d'abord ministre du Commerce extérieur, avant d'accéder fin août 1976 au poste de Premier ministre, cumulant sa fonction avec celle de ministre de l'Économie. Au moment où le cycle des « Trente Glorieuses » s'achevait, il mit en place une politique d'austérité qui se révéla un demi-succès sur le terrain de l'emploi et dont les résultats ne permirent pas au Président Giscard de gagner les « Présidentielles » de 1981. Maire de Lyon de 1995 à 2001, il développa l'idée d'un « grand Sud-Est européen » dans lequel la région Rhône-Alpes serait appelée à jouer un rôle éminent.

(Ve République)

Barrot Jacques
(1937 - 2014)

Juriste de formation, Jacques Barrot entra en politique en héritant de la circonscription de son père. Lorsqu'en avril 1967, il fut élu député de Haute-Loire, il devint le benjamin de l'Assemblée nationale. Réputé pour son engagement européen, il fut l'une des figures symboliques de la Démocratie chrétienne, dont il suivit toutes les vicissitudes : du Centre démocratie et progrès (CDP) à l'UDF, en passant par le Centre des démocrates sociaux (CDS) avant de devenir l'un des artisans de l'intégration d'une partie de l'UDF dans l'UMP. Spécialiste des questions sociales, il eut une longue carrière de député de la Haute-Loire (1967-1974, 1981-1995 et 1997-2004) avec des interruptions pour cause de responsabilités ministérielles. Il a présidé également le Conseil général de la Haute-Loire de 1976 à 2004. Il endossa donc, et à plusieurs reprises, des fonctions gouvernementales, notamment comme ministre du Commerce et de l'Artisanat (1978-1979), ministre de la Santé et de la Sécurité sociale (1979-1981) sous Raymond Barre puis ministre du Travail et des Affaires sociales (1995-1997) sous Alain Juppé. En 2004, il quitta le Palais-Bourbon pour mener une action européenne. À Bruxelles, il fut nommé vice-président de la Commission européenne, chargé notamment des affaires de justice. Son mandat prit fin en février 2010. Jacques Barrot acheva ensuite sa carrière en étant nommé à l'époque au Conseil constitutionnel, un poste qu'il occupait toujours au moment de son décès (malaise cardiaque).

(IIIe République)

Barthou Louis
(1862 - 1934)

Homme de lettres, historien et humaniste, membre de l'Académie française, Louis Barthou mena de front une carrière politique et d'écrivain (trente-quatre ouvrages et une quarantaine de préfaces). Sa carrière politique fut particulièrement longue : 45 ans de mandats nationaux et 18 postes de ministres. En 1913, il fut appelé par Poincaré à la tête du gouvernement. En 1919, il fut le rapporteur général du Traité de Versailles. Principale figure du parti Alliance démocratique (républicains modérés) Louis Barthou fut appelé aux Affaires étrangères par Gaston Doumergue au lendemain des événements séditieux de l'extrême droite en février 1934. Il tenta alors de lutter contre les menées hitlériennes en attirant la Grande-Bretagne, l'Italie et l'Union soviétique dans un front anti-allemand. De même, il prôna l'isolement de l'Allemagne en organisant contre elle une série d'alliances avec les États de l'Europe centrale alliés à l'époque à la France (Pologne et « Petite Entente »). Son projet de pacte oriental se solda toutefois par un échec. Comme ministre des Affaires étrangères, Louis Barthou accueillit en octobre 1934 le roi Alexandre Ier de Yougoslavie à Marseille. Ce dernier fut victime d'un attentat mortel, une balle perdue étant également fatale à Louis Barthou. Fervent artisan d'une politique visant à la constitution d'une alliance contre le péril nazi, peu reprirent cette idée après sa mort.

(Vichy)

Beaudoin Paul
(1894 - 1964)

Brillant élève (polytechnicien) Paul Beaudoin devint inspecteur des Finances après la Ière guerre mondiale. Directeur adjoint, puis directeur général de la Banque d'Indochine en 1930, il fut également président de l'Union financière d'Extrême-Orient. Dans les années 30, il effectua des missions en Italie où il devint un familier du comte Ciano. D'abord homme de confiance de Paul Reynaud, il fut nommé, fin mars 1940, sous-secrétaire d'État à la présidence du Conseil puis sous-secrétaire d'État aux Affaires étrangères début juin 40. Devenu pétainiste, il fut ministre des Affaires étrangères de juin à octobre 1940 et fut également de ceux qui signèrent la loi d'octobre 40, portant « statut des Juifs ». Il fut encore Secrétaire d'État à la présidence du Conseil d'octobre à décembre 1940, puis ministre de l'Information, de décembre 1940 à janvier 1941. Par la suite, il joua un grand rôle dans la politique de Vichy pour la jeunesse et sa formation, notamment au travers des « Chantiers » de la jeunesse française ou de l'École des cadres d'Uriage. Ensuite, il retourna à la Banque de l'Indochine qu'il présida de 1941 à 1944. À la Libération, il entra en clandestinité, mais fut arrêté début avril 1946 alors qu'il cherchait à passer en Espagne. Début mars 1947 il fut condamné à la dégradation nationale à vie, à la confiscation de ses biens et à cinq ans de prison.

(Ve République)

Bérégovoy Pierre
(1925 - 1993)

Issu d'un milieu modeste, Pierre Bérégovoy a gravi un à un les échelons professionnels et politiques. Rapidement, il rejoignit la SFIO. Tant sur le plan professionnel que politique, Bérégovoy connut dès lors une régulière ascension. En 1969, il adhéra au (nouveau) Parti Socialiste pour finalement obtenir le poste de secrétaire national aux affaires sociales, puis aux relations extérieures. La victoire de Mitterrand en 1981 le projeta devant la scène politique. Après un passage au secrétariat national de l'Élysée il devint ministre des Affaires sociales de 1982 à 1984. Quand Fabius succéda à Mauroy à Matignon, il obtint le portefeuille de l'écon. et des Finances et conserva (hors période de cohabitation) son ministère jusqu'en 1992. En devenant député de la Nièvre en 1986, il conforta son statut d'homme politique. Partisan d'un franc fort pour stabiliser l'inflation, Pierre Bérégovoy adhérait à l'économie de marché tout en gardant des valeurs sociales. En avril 1992 il accéda enfin au poste de Premier ministre. Mais les instructions judiciaires visant des proches du Président se multiplièrent. Il fut lui-même mis en cause dans « l'affaire Pelat » pour avoir obtenu un prêt d'un million de francs à taux zéro. Ces diverses révélations de la presse en février 1993 plombèrent considérablement la campagne des Législatives. Pierre Bérégovoy considéra qu'il en était en partie responsable. Profondément déprimé, il se suicida un mois après les élections, le 1er mai 1993.

(Guerre 39-40)

Béthouart Antoine
(1889 - 1982)

Sorti de Saint-Cyr, Antoine Béthouart participa à la Grande guerre dans l'infanterie, se battant dans différentes unités. Trois fois blessé et trois fois cité, il obtint la Légion d'honneur. En poste au début de la Seconde Guerre mondiale, dans les Alpes puis sur la ligne Maginot en Moselle, il fut envoyé en Norvège pour y « barrer la route du fer allemand ». Il reçut ses deux étoiles de général de brigade avant le débarquement de Narvik qui fut la première victoire alliée de la Seconde Guerre mondiale, en avril 1940. Une victoire sans lendemain car la « drôle de guerre » se termina par l'invasion allemande dans le Nord-Est du pays. Choisissant d'abord Vichy, Béthouart fut affecté au Maroc, mais il organisa l'aide au débarquement allié en Afrique du Nord. Arrêté et traduit en cour martiale par le général Noguès, résident général au Maroc, il fut rapidement libéré en étant promu général de division. Le général Giraud l'envoya en janvier 1943 à Washington afin de négocier l'aide américaine, principalement le réarmement de l'armée française. Chef d'état-major de la défense nationale à Alger en novembre 1943, il fut alors élevé au rang de général de corps d'armée. Béthouart accompagna le général de Gaulle lors de ses déplacements à Rome, Londres et débarqua avec lui à Bayeux, le 14 juin 1944. Il participa enfin au débarquement de Provence en août 1944 puis libéra Mulhouse avant de devenir sénateur.

(IVe République)

Bidault Georges
(1899 - 1983)

Agrégé d'histoire, Georges Bidault enseigna d'abord en province puis à Paris. Journaliste de talent, il se fit connaître, à partir de 1934, grâce à ses éditoriaux dans lesquels il dénonçait tout à la fois le fascisme et le nazisme. Fait prisonnier lors de la campagne de France en 1940, il fut libéré un an plus tard. Comme résistant, il devint dirigeant du mouvement « Combat » et à partir d'avril 1942 fut nommé par Jean Moulin à la tête du Bureau d'information et de presse, premier organe commun à toute la résistance. Il collabora à la création du CNR et oeuvra pour la formation d'un gouvernement provisoire dirigé par le général de Gaulle. Après l'arrestation de Jean Moulin en juin 1943, il assura la présidence du CNR et travailla en étroite collaboration avec les délégués du général de Gaulle. Il rencontra ce dernier en août 1944 lorsqu'il l'accueillit au nom du CNR dans Paris libéré. En septembre 1944, il intégra le GPRF en tant que ministre des Affaires étrangères et fonda le MRP en novembre. Réputé « parti de la fidélité », le MRP ne suivit pourtant pas de Gaulle après sa démission en janvier 1946 tandis que son parti (et lui-même) se maintinrent au gouvernement. Son soutien à une Constitution faisant la part belle aux partis pour créer ce qui allait devenir la IVe République l'éloigna du général de Gaulle. La question algérienne finit de consommer la rupture entre les deux hommes.

(Résistance extérieure)

Billotte Pierre
(1906 - 1992)

Sorti de Saint-Cyr et de l'École supérieure de guerre, Pierre Billotte participa aux combats de la Seconde Guerre mondiale et parvint à ralentir l'avance des chars de Guderian dans les Ardennes. Fait prisonnier en Poméranie, il s'évada et gagna l'URSS où il fut interné jusqu'au moment de l'attaque allemande. Il devint alors représentant de la France libre à Moscou. Avec d'autres Français, il fut échangé contre des citoyens russes et s'embarqua sur un bateau qui lui permit de gagner Londres. Il fut alors nommé chef d'état-major du général de Gaulle et secrétaire du comité de défense nationale à Londres. Général de brigade, il débarqua plus tard en Normandie à la tête de la brigade blindée de la division Leclerc. C'est lui qui fit prisonnier von Choltitz. Nommé représentant de la France au comité d'état-major de l'ONU, il démissionna de cette fonction et de l'armée pour protester contre la politique trop atlantiste du gouvernement. Élu député RPF de la Côte-d'Or en 1951, il fut ministre de la Défense nationale dans le gouvernement Edgar Faure d'octobre 55 à février 56. À l'Assemblée nationale, il se consacra aux questions militaires et fut rapporteur de la commission de la défense sur les accords de Londres et de Paris remplaçant le projet de la CED. Il fut aussi haut-commissaire en Algérie jusqu'en 1962. Par la suite, il fut député UNR-UDT du Val-de-Marne jusqu'en 1978 sous diverses étiquettes gaullistes.

(IVe République)

Billoux François
(1903 - 1978)

François Billoux fut toute sa vie un militant communiste. Il adhéra au parti communiste dès 1920, lors de sa fondation. Secrétaire général de la jeunesse communiste, en 1924, il entra au comité central, en 1926. Poursuivi pour ses activités antimilitaristes, il vécut dans la clandestinité sur l'ordre de son parti de 1929 à 1932, année où après plusieurs condamnations il fut amnistié. À partir de 1934, il fut actif essentiellement à Marseille. Élu député en 1936, sous le Front populaire, il fit partie des commissions des Affaires étrangères, de l'Alsace-Lorraine et de la marine marchande. En 1937, il partit en mission en Espagne dans les « Brigades internationales ». En 1940, il fut arrêté par les Allemands et transféré dans une prison à Alger. Libéré en février 1943, il devint d'abord membre de l'Assemblée consultative provisoire puis membre des deux Assemblées constituantes. Ce fut sous le gouvernement provisoire qu'il fut plusieurs fois ministre. Deux fois sous la présidence du général de Gaulle, à la Santé et à l'Économie. Deux fois, de nouveau, sous le ministère Gouin, puis sous celui de Georges Bidault, à la Reconstruction. Il fut encore appelé comme ministre de la Défense nationale au début de la IVe République, sous le gouvernement Ramadier. La rupture entre les communistes et la SFIO marqua la fin de sa carrière ministérielle.

(Résistance intérieure)

Bingen Jacques
(1908 - 1944)

Jacques Bingen, de famille juive, fut un très brillant élève (Sciences-Po, Ingénieur des Mines). Lieutenant de réserve, il fut mobilisé en 1939 et servit en qualité d'officier de liaison. Après bien des péripéties, il se présenta au général de Gaulle fin juillet 1940. Sa compétence pour les affaires maritimes le conduisit à diriger les services de la marine marchande de la France libre. À partir de 1942, il maintint une liaison permanente avec Jean Moulin et l'ensemble de la Résistance. Début 43, il proposa la création d'un « comité de direction » qui devint, par la suite, le « Conseil National de la Résistance ». Volontaire pour servir dans les territoires occupés en remplacement de Jean Moulin arrêté, Bingen fut déposé en août 43 comme délégué du CFLN en zone sud. Admis par les résistants de l'intérieur, il devint ensuite « Délégué Général pour la Résistance » de décembre 1943 à avril 1944. Grâce à son action, l'Armée Secrète (AS), l'Organisation de Résistance de l'Armée (ORA), les Francs-Tireurs et Partisans purent fusionner en février 1944 pour former les Forces françaises de l'Intérieur (FFI). Ayant repris son action de délégué pour la zone sud, il fut victime d'une trahison et fut arrêté, en mai 1944. Plaque tournante de la résistance, il préféra se donner la mort en avalant une capsule de cyanure pour ne pas risquer de parler.

(Ve République)

Bloch-Lainé François
(1912 - 2002)

Né d'une famille bourgeoise au service de la haute fonction publique depuis plusieurs générations, François Bloch-Lainé fit de brillantes études (docteur en droit). Il fit d'abord carrière à l'inspection des finances. Entré dans la Résistance dès 1940, il fut nommé, en 1943, par Alexandre Parodi trésorier du comité financier chargé de collecter des fonds. Après la Libération, il passa rapidement au cabinet de René Pleven et devint sous-directeur du Trésor en charge du contrôle des changes. En 1946, il dirigea le cabinet de Robert Schuman, ministre des Finances. À trente-cinq ans seulement, il devint directeur du Trésor. En 1952, on lui proposa la direction de la Caisse des dépôts, où il y resta 15 ans. Fidèle aux idées économiques de Pierre Mendès France, ses lourdes responsabilités à la Caisse des dépôts ne l'empêchèrent pas de contribuer à une réflexion sur le rôle de l'État et des entreprises, dans le cadre du club Jean Moulin. Par la suite, il bouleversa cette institution pour en faire un levier majeur du développement économique et social de la France. En 1967, Michel Debré lui proposa la présidence du Crédit lyonnais pour mettre de l'ordre dans une direction générale éclatée. Il adapta la banque aux nouvelles exigences du système bancaire qui se libéralisait. En 81, il fut nommé par François Mitterrand président de la commission du Bilan chargée d'évaluer l'action de l'ancien gouvernement.

(IIIe République)

Blum Léon
(1872 - 1950)

Après des études de droit et de lettres, Léon Blum entra au Conseil d'État en poursuivant une carrière de critique littéraire et dramatique. Disciple de Jean Jaurès rencontré lors du combat dreyfusard, Léon Blum entra véritablement en politique en 1914, comme chef de cabinet de Marcel Sembat. Leader de la SFIO de 1920 à 1940, il fut le chef du gouvernement lors du « Front Populaire » de juin 1936 à juin 1937, puis brièvement en mars 1938. Il entreprit alors de très importantes réformes sociales : hausse des salaires de 7 à 15%, instauration de conventions collectives obligatoires entre employeurs et employés, création des deux premières semaines de congés payés, limitation du travail à 40 heures par semaine. En raison de l'hostilité des radicaux, il ne vint pas militairement en aide aux Républicains espagnols, ce qui conduisit le Parti communiste à lui retirer son soutien. En juillet 1940, Léon Blum fit partie des 80 parlementaires qui refusèrent les pleins pouvoirs au maréchal Pétain. Arrêté et incarcéré en septembre 1940, traduit en justice lors d'une parodie de procès à Riom en 1942, il fut déporté dans une annexe de Buchenwald en mars 1943. Libéré en 1945, il présida ensuite le dernier gouvernement provisoire de la République française juste avant la mise en place des institutions de la Quatrième République.

(IVe République)

Bollaert Émile
(1890 - 1978)

De formation juridique Émile Bollaert fit d'abord carrière dans la « Préfectorale ». En 1940, le gouvernement de l'État français révoqua ce haut fonctionnaire jugé trop républicain. Plus tard, investi comme commissaire du gouvernement auprès du CNR, il fut arrêté en février 1944 et déporté. Par la suite, Bollaert fut nommé haut-commissaire de France en Indochine de 1947 à 1948. Préfet honoraire, président de l'Association du corps préfectoral, il défendit ses pairs et contribua à la mise en sommeil de l'article constitutionnel prévoyant que le préfet cesserait d'être l'exécutif dans le département pour être supplanté par le Président du Conseil général. À partir de 1949, Émile Bollaert se consacra aux affaires privées en tant que vice-président des Forges de Strasbourg et administrateur de sociétés. Il fut également président de la Compagnie nationale du Rhône jusqu'en 1960, au temps de la construction des grands barrages qui firent du fleuve une artère industrielle entre Lyon et la Méditerranée. De 1971 à 1977, Bollaert fut encore président du Comité français des expositions où il facilita la participation des entreprises françaises aux manifestations internationales. Il présida également la Société d'encouragement à l'art et à l'industrie ainsi que le Service social de l'enfance. Aussi, à son décès, en mai 1978, ses inlassables activités lui valurent un hommage solennel rendu par le président du Sénat.

(Ve République)

Bonnet Christian
(1921 – 2020)

Issu de la bourgeoisie parisienne, diplômé de Sciences-Po, Christian Bonnet commença sa carrière dans les années soixante comme directeur d'une usine de conserverie à Quiberon. Il s'intéressa assez rapidement à la politique. Deux ans après son élection comme député (MRP) du Morbihan, en 1956, il fut élu à la fois conseiller général et maire de Carnac en 1964. Parlementaire actif, secrétaire général du groupe des Républicains indépendants à l'Assemblée nationale, il devint rapporteur du budget de la marine marchande. Il présida également la commission de surveillance de la Caisse des dépôts et Consignations de 1971 à 1972, jusqu'à son entrée au gouvernement. D'abord secrétaire d'État au logement jusqu'en 1974 sous l'autorité de Pierre Messmer, il géra ensuite le portefeuille de l'Agriculture sous les 1ers ministres Jacques Chirac et Raymond Barre, entre 1974 et 1977 avant d'être nommé en 1977 au ministère de l'Intérieur. Son poste de « premier flic » de France place Beauvau, qu'il considérait comme « son bâton de maréchal » fut notamment marqué par l'affaire Boulin, la mort de Jacques Mesrine, abattu par la police et par l'attentat contre la synagogue de la rue Copernic (4 morts et 46 blessés), à Paris. Christian Bonnet redevint député à l'issue des élections législatives de 1981, avant d'être élu sénateur en 1983. Membre de l'UDF, il s'impliqua alors, fortement, sur les questions institutionnelles.

(Résistance intérieure)

Bouchinet-Serreules Claude
(1912 - 2000)

Diplômé de Sciences-Po, Claude Bouchinet-Serreules, rejoignit le général de Gaulle en juillet 1940. Muté à sa demande au BCRA de Londres, il choisit bientôt de faire de la résistance sur le terrain. La disparition de Jean Moulin aggrava les conséquences de la déportation en Allemagne du général Delestraint, qui était à l'époque le chef de l'Armée Secrète. En réaction, nommé Délégué général par intérim du CFLN, Serreulles forma avec Jacques Bingen, qui le rejoignit dès août 1943, un duo d'action efficace. Si le colonel Passy, chef du BCRA, les accusa d'imprudences pour favoriser la mise en place du préfet Émile Bollaert comme délégué général du CFLN, la déportation de ce dernier et la mort de son mentor Pierre Brossolette, rendit majeur le travail du tandem Serreulles-Bingen pour la préparation de la prise du pouvoir d'État par des hommes politiquement sûrs, en symbiose avec la résistance intérieure. Après une ultime mission à Londres, au printemps 1944, Claude Bouchinet fut nommé commissaire de la République Son rapport de septembre 1944 fut l'une des meilleures descriptions des réalités de la France libérée. Directeur du cabinet du ministre de l'Intérieur Adrien Tixier en 1944-1945, chef de service au ministère des Affaires étrangères jusqu'en 1948, il fut directeur à l'Organisation européenne de coopération économique jusqu'en 1951.

(IIIe République)

Boulanger Georges
(1837 - 1891)

Georges Boulanger fut un militaire ayant fait une carrière de bonne facture sur le terrain, en bénéficiant toutefois d'appuis mondains dans certaines de ses promotions. Nommé général de division en 1884, il devint ministre de la Guerre, deux ans plus tard. Très remonté contre l'Allemagne, Boulanger fustigea, dans ses discours officiels, la doctrine militaire défensive de la France. Ce fut à cette époque qu'il se fit connaître du public en étant affublée par la presse du surnom de « général revanche ». Très rapidement, il gêna le gouvernement, inquiet des conséquences diplomatiques d'un tel bellicisme, alors qu'à l'inverse, il bénéficiait du soutien de tous les mécontents du régime. Remercié dès mai 1887 puis mis à la retraite anticipée un an plus tard (à 51 ans !), Boulanger débuta alors une carrière politique au contour flou, que l'on qualifierait aujourd'hui de populiste. Fort du soutien financier des milieux conservateurs et d'un mouvement nationaliste attrape-tout, le « boulangisme », il inquiéta quelque temps les autorités en se faisant élire largement à Paris, en janvier 1889. Le gouvernement, désormais convaincu de sa dangerosité, le menaça d'arrestation et « organisa » sa fuite en Belgique. Condamné par contumace par la « Haute-Cour », Boulanger devint inéligible et disparut de la scène politique, entraînant par là même la fin de son mouvement.

(Ve République)

Boulin Robert
(1920 – 1979)

De formation juridique, Robert Boulin s'engagea très tôt dans la Résistance et ses faits d'armes lui permirent d'être décoré à la fois de la croix de guerre et de la médaille de la Résistance. Après-guerre, il devint avocat à Bordeaux, puis à Libourne. Gaulliste, il commença sa carrière politique en 1958 lorsqu'il fut élu député UNR. L'année suivante, il devint maire de Libourne, après quoi il fut constamment réélu député et maire jusqu'à sa mort. Très vite, il exerça des fonctions ministérielles sous la présidence du général de gaulle, de Pompidou et de Giscard d'Estaing. Il exerça, sans interruption, pendant 15 ans, dans de nombreux départements ministériels, notamment dans les secteurs financiers et budgétaires. Membre de l'UNR, de l'UDR, puis du RPR, Robert Boulin fut souvent présenté comme un homme intègre, possédant une grande capacité de travail, au point que sa nomination au poste de Premier ministre pour succéder à Raymond Barre fut régulièrement évoquée à partir de 1978. En octobre 1979, son cadavre fut retrouvé dans un étang au cœur de la forêt de Rambouillet. Dans un premier temps, l'enquête conclut à un suicide. Mais cette version fut ensuite contestée par la famille Boulin, estimant que ce dernier avait été « éliminé » pour qu'il ne dévoile pas un réseau de fausses factures finançant le RPR. De nos jours, la justice reste saisie, mais n'a pas tranché définitivement.

(IVe République)

Bourdet Claude
(1909 – 1996)

Claude Bourdet, né Français, fit des études en Suisse et sortit en 1933 de l'École polytechnique fédérale de Zurich avec un diplôme d'ingénieur en physique. D'abord mobilisé en 1939 comme lieutenant dans l'artillerie il fut démobilisé après la débâcle. Il devint alors entrepreneur dans l'industrie mais entra dans la Résistance dès l'automne 1940. Rapidement, il participa avec Henri Frenay à la fondation de « Combat », dont il devint directeur puis représentant en 1943, lors du départ de ce dernier à Londres puis à Alger. Bourdet se chargea alors à partir de 1942 du développement du service de noyautage des administrations publiques dont il était le responsable national. Il représenta « Combat » au Conseil National de la Résistance (CNR) mais fut arrêté par la Gestapo fin mars 1944. Emprisonné à Fresnes, puis à Compiègne, il fut déporté dans plusieurs camps de concentration : Neuengamme, Sachsenhausen et Buchenwald. À la Libération, l'expérience vécue de la guerre le fit évoluer vers l'extrême gauche et la recherche d'un socialisme non stalinien. Il devint directeur politique et éditorialiste de « Combat », prenant la succession d'Albert Camus en mai 1947. Avec Gilles Martinet et Roger Stéphane, Claude Bourdet fonda en 1950 L'Observateur qui devint, par la suite, « L'Obs ». Il y défendit l'union de toutes les gauches autour d'une seule et même cause : la justice sociale.

(Ve République)

Bourges Yvon
(1921 – 2009)

Juriste de formation, résistant gaulliste dès 1940, il entra en 1942 dans l'administration préfectorale et participa à la fin de la guerre à la transition des pouvoirs. Il devint en 1947 sous-préfet en Alsace, à 25 ans seulement. En 1951, il intégra l'administration en Afrique Équatoriale française dont il prépara l'indépendance. Gouverneur de la Haute-Volta en 1956, puis haut commissaire de l'AEF à partir de juillet 1958. En 1961, il rejoignit la France à la demande du ministre de l'Intérieur Roger Frey qui le nomma directeur de cabinet, poste auquel il dut faire face aux actions de l'OAS. Il entra en politique en 1962 comme député UNR d'Ille-et-Vilaine et maire de Dinard jusqu'en 1967. Le général de Gaulle le nomma en 1965 secrétaire d'État à la Recherche scientifique, puis secrétaire d'État à l'Information (1966-1967), à la Coopération (1967-1968) et aux Affaires étrangères (1968-1969). Après l'élection de Georges Pompidou, il fut reconduit au secrétariat aux Affaires étrangères, puis devint ministre du Commerce et de l'Artisanat entre 1972 et 1973. Député européen à compter de 1973, il retrouva un poste ministériel sous Giscard d'Estaing, en 1975, comme ministre de la Défense. Il avait alors sous ses ordres le général Bigeard. Il quitta le gouvernement pour entrer au Sénat en 1980. Président du Mouvement paneuropéen à partir de 1993 il publia en 1999 « L'Europe notre destin ».

(IVe République)

Bourgès-Maunoury Maurice
(1914 – 1993)

Polytechnicien, Maurice Bourgès-Maunoury était lieutenant d'artillerie en 1939. Fait prisonnier en juin 1940, il fut rapatrié en France comme ingénieur. Fin 1942, il passa les Pyrénées pour rejoindre les F.F.L Après quelques péripéties, il gagna Londres au début de 1943. Parachuté en France, il devint délégué militaire national. Il mena à cette époque de brillantes et nombreuses opérations et fut alors nommé sous-chef d'état-major de l'Armée jusqu'en juin 1945 puis commissaire de la République à Bordeaux. En 1946, il fut élu député de la Haute-Garonne jusqu'en 1956. Membre du Parti radical, Maurice Bourgès-Maunoury entama ensuite une brillante carrière ministérielle sous la IVe République. Il fut ainsi secrétaire d'État au budget en 1947-1948, avant d'être nommé secrétaire d'État à l'Air et à la Guerre. Ministre des T. P. en 1950, il fut la même année secrétaire d'État à la présidence du Conseil. De 1951 à 1952 il fut ministre adjoint de la Défense nationale puis, en 1952, ministre de l'Armement. Ministre des Finances en 1953, ministre de l'Industrie et du Commerce en 1954, ministre des Forces armées en 1955, ministre de l'Intérieur en 1956, ministre de la Défense nationale et des Forces armées en 1957, date à laquelle il devint président du Conseil puis, de nouveau, ministre de l'Intérieur jusqu'en 1958. Opposé à la Ve République, il quitta la politique pour se diriger vers le privé.

(Vichy)

Bousquet René
(1909 – 1993)

René Bousquet fut un haut fonctionnaire qui collabora activement avec les nazis sous l'Occupation. D'avril 1942 à fin décembre 1943, il fut secrétaire général de la police. Antisémite convaincu, il appliqua sans états d'âme la politique du régime. Il fut notamment l'organisateur majeur de la rafle du Vél-d'Hiv de juillet 1942 et de celle d'août 1942 en zone sud. Il dirigea également la police française lors de la rafle de Marseille, en janvier 1943. Au total, sous ses ordres, plus de 60 000 Juifs furent arrêtés, avec le concours actif de la police française, pour être remis aux autorités allemandes qui organisèrent des trains de déportation dans des camps. Il fut établi que Vichy ne pouvait ignorer la finalité réelle de ces déportations. Pour autant, René Bousquet se montra insensible au sort des Juifs. En 1944, il se montra bien plus prudent et donna alors de nombreux gages à la Résistance. À la Libération, il parvint ainsi à passer au travers de l'épuration et commença une florissante carrière d'homme d'affaires et d'influence. Ayant aidé François Mitterrand à cette époque, ce dernier lui témoigna toujours amitié et estime. À la fin des années 80, son passé fut cependant exhumé. Une plainte fut déposée contre lui pour « crimes contre l'humanité », mais son procès n'eut jamais lieu étant abattu devant son domicile par un déséquilibré.

(Vichy)

Bouthillier Yves
(1901 – 1977)

Yves Bouthillier, après avoir été diplômé de l'École centrale, fut directeur du Budget de 1930 à 1932 puis secrétaire général du ministère des Finances de 1938 à 1940. Après la défaite, il se mit à la disposition de Vichy. Il devint ainsi ministre de l'Économie nationale et des Finances dans le gouvernement du maréchal Pétain. Mais comme membre du gouvernement, il fit partie des signataires des lois sur le statut des Juifs d'octobre 1940 et de juin 1941. Théoricien de l'État Français, il fut l'un de ceux qui furent le plus écouté par le Maréchal. Hostile à Laval en qui il voyait davantage un opportuniste qu'un homme de conviction, il fut de ceux qui parvinrent à l'écarter en décembre 40. Ses principales préoccupations consistèrent à faire face aux exigences de l'occupant allemand, tout en essayant d'en limiter le fardeau final. Il s'efforça, en particulier, d'empêcher la dépréciation du franc et mit à l'abri en Afrique du Nord les réserves d'or de la Banque de France. Lorsque Laval revint en avril 42, il dut quitter le gouvernement. Il fut ensuite arrêté en 1944 par la gestapo et déporté en Allemagne jusqu'en 1945 en tant que collaborateur considéré « douteux ». Après la Libération, la Haute Cour de justice le condamna en 1947 à trois ans de prison. Bouthillier termina malgré tout sa carrière comme maire de Saint-Martin-de-Ré.

(Vichy)

Brasillach Robert
(1909 – 1945)

Robert Brasillach, brillant élève de Normale-sup, fut un écrivain de talent, journaliste et critique de cinéma. Outre ses activités littéraires, il resta connu pour son engagement politique à l'extrême droite. Formé à l'Action française, il évolua vers le fascisme dans les années 30. Sous l'Occupation, il devint rédacteur en chef du journal collaborationniste « *Je suis partout* ». dans lequel il laissa transparaître sa haine des Juifs, du Front populaire et de la République puis, sous l'Occupation, son admiration pour le IIIe Reich. Cette parution d'un journal pro-nazi marqua sa rupture avec Charles Maurras qui refusa de le revoir après avoir affirmé : « *Je ne reverrai jamais les gens qui admettent de faire des tractations avec les Allemands.* » Longtemps persuadé de la victoire allemande, Brasillach la jugea dans le temps de moins en moins probable. En septembre 1944, il se constitua prisonnier. Emprisonné à la prison de Fresnes et poursuivi pour intelligence avec l'ennemi, il fut condamné à mort. Dans les jours qui suivirent cette condamnation une pétition d'artistes et de très nombreux intellectuels renommés, demandèrent au général de Gaulle, chef du gouvernement provisoire, la grâce du condamné. Le général n'y donna pas suite parce qu'il considérait, notamment, Brasillach comme responsable de l'assassinat de Georges Mandel.

(IIIe République)

Briand Aristide
(1862 – 1932)

Aristide Briand fut l'une des grandes personnalités de la IIIe République. Juriste de formation, il se fit d'abord connaître comme journaliste. Avec René Viviani et Jean Jaurès, il participa, en 1902 à la fondation du Parti socialiste français. Deux ans plus tard, il fonda avec Jaurès le journal « *l'Humanité* ». Mais député en 1902, il se revendiqua rapidement « socialiste indépendant ». De 1906 à sa mort, il fut onze fois président du Conseil et 22 fois ministre dont 15 aux Affaires étrangères. Brillant orateur, il avait de vraies convictions mais resta toute sa vie ouvert aux compromis. Pendant la Grande Guerre, comme président du conseil, il fut à l'origine de l'expédition de Salonique. Après la guerre, il appuya la création de la Société des Nations (SDN) et s'efforça de bâtir une paix durable avec l'Allemagne dans l'« esprit de Genève ». Avec son homologue allemand Stresemann, il convainquit les ministres européens des Affaires étrangères de signer le pacte de Locarno, en 1925. Toutes les tentatives de paix qu'il entreprit, sans relâche, lui valurent le Prix Nobel de la Paix en 1926. En août 1928, il obtint à Paris la signature du pacte « Briand-Kellogg », pour *« mettre la guerre hors la loi »*. Par la suite, Briand appela à la création des États-Unis d'Europe. Mais le krach de 1929 et la prise progressive du pouvoir des nazis en Allemagne ruina ses espérances.

(Vichy)

Brinon Fernand de
(1885 – 1947)

Jusqu'en 1939, Fernand de Brinon fut un journaliste très favorable au rapprochement franco-allemand. La montée au pouvoir d'Hitler fut pour lui l'occasion de mener nombre d'actions en faveur de cette politique (parution d'un livre sur les relations entre les deux pays, missions diverses et fréquentes à Berlin). Ce fut en raison de ce passé que Pierre Laval fit appel à lui dès juillet 1940 pour le représenter à Paris auprès des autorités d'occupation. En raison de sa double loyauté envers Laval et les Allemands, ses fonctions furent de plus en plus importantes. Il fut d'abord ambassadeur de France en novembre 1940, puis délégué général du gouvernement français dans les territoires occupés et exerça ces fonctions jusqu'à la fin de la guerre. Il fut enfin secrétaire d'État – véritable éminence grise de Pierre Laval - lorsque ce dernier reprit le pouvoir en avril 1942. Fernand de Brinon, jusqu'au-boutiste, se réfugia à Sigmaringen en août 1944 pour y diriger le dernier « carré » des partisans du régime de Vichy, dans une parodie de gouvernement en exil. Devant l'avancée des armées alliées, début mai 1945, il tenta, dans un premier temps, de rejoindre par avion l'Espagne, via l'Autriche et la Suisse. Ses tentatives ayant échoué, il se présenta aux autorités américaines en mai 1945. Jugé par la Haute-Cour de justice, il fut fusillé en avril 1947.

(Résistance intérieure)

Brossolette Pierre
(1903 – 1944)

Agrégé d'histoire, Pierre Brossolette, chroniqueur politique à la Radio, fut d'abord sans concessions vis-à-vis de l'Allemagne nazie. Durant la campagne de France, sa conduite lui valut d'être décoré de la croix de guerre. Démobilisé fin août, il se lança dans la résistance. Début 1941, il entra au sein du réseau « Musée de l'Homme » et collabora au journal « Résistance », dont il devint le rédacteur en chef. Son réseau bientôt démantelé, il entra en contact avec le colonel Rémy et son organisation : « la Confrérie Notre-Dame ». Cela lui permit de se rapprocher de la France Libre. À Londres, à partir d'avril 1942, il rédigea plusieurs rapports pour le compte du BCRA londonien. Rapidement le général de Gaulle en fit son conseiller politique. Affecté d'abord au BCRA, Brossolette prit en octobre 1942, la tête du service chargé de faire le lien entre les résistances extérieures et intérieures. Début 1943, il créa un Comité de coordination de zone nord, à l'image de celui créé par Moulin en zone sud. Militant pour un gaullisme rassembleur, son souhait était de préparer la Libération en intégrant, outre les mouvements de résistants, les représentants non compromis avec l'occupant. Cette conception rassembleuse s'affronta à celle du CNR. Arrêté en février 1944, torturé par la Gestapo, il se jeta du cinquième étage d'un immeuble afin de ne rien révéler à l'ennemi.

(IIIe République)

Cachin Marcel
(1869 – 1958)

Licencié en philosophie, Marcel Cachin adhéra au Parti ouvrier de Jules Guesde en 1892. Régulièrement délégué aux congrès socialistes internationaux de 1896 à 1907, il participa au congrès d'unité socialiste de Paris, en 1905, au cours duquel se constitua la SFIO. Élu député en 1914, il se rallia, comme le parti socialiste tout entier, à la politique d'union sacrée. Mais de retour d'une visite en Russie bolchevique, il encouragea l'envoi de délégués de son parti à la conférence socialiste internationale de Stockholm condamnée par le gouvernement français. En 1918, il devint directeur de « *l'Humanité* » et le demeura jusqu'à sa mort. De retour d'une seconde visite en Russie, en 1920, il fut l'un des plus ardents propagandistes pour transformer le parti socialiste en parti communiste. À partir du congrès du Tours, Marcel Cachin devint, dès lors, l'un des dirigeants majeurs du parti communiste. Membre notamment immuable du bureau politique. De 1924 à la dissolution de l'Internationale communiste en 1943, il fut membre du praesidium du comité exécutif de cette organisation. Député de 1914 à 1932, il fut emprisonné, en 1923, pour son opposition à l'occupation de la Ruhr. Arrêté quelque temps en 1941, il entra ensuite en clandestinité. Au plan personnel, Marcel Cachin approuva jusqu'au bout la politique de Staline.

(IIIe République)

Caillaux Joseph
(1863 – 1944)

Joseph Caillaux fut un homme politique de la famille des radicaux. Il fut plusieurs fois ministre des Finances de 1899 à 1914. Mais deux évènements intervinrent dans le cours de sa vie, à l'origine de sa disgrâce d'une dizaine d'années. D'une part, il dut précipitamment démissionner, en mars 1914, quand son épouse assassina le directeur du « Figaro » qui menait une campagne de dénigrement politique contre lui. D'autre part, il fut imprudent dans ses relations avec l'étranger durant la « Grande guerre ». Caillaux défendait alors des idées pacifistes qui le rendirent suspect vis-à-vis d'une partie importante de la classe politique. Le couple Caillaux partit alors pour de longs voyages à l'étranger, cherchant à tisser des liens pour hâter une paix générale de compromis. De retour en France, **Georges Clemenceau** le fit pourtant incarcérer sous l'inculpation de haute trahison. Son immunité parlementaire fut levée et il fut emprisonné jusqu'à son procès devant la Haute-Cour qui se tint de février à avril 1920. Condamné à la peine qu'il avait accomplie en préventive et à de l'inéligibilité, il fut libéré immédiatement, mais continua d'être exclu de la vie politique. Par la suite, il fut cependant gracié par le **« cartel des gauches »,** vainqueur des élections de 1924 et fut encore (brièvement) ministre des Finances, entre 1925 et 1926.

(IIIe République)

Carnot Sadi
(1837 – 1894)

Après de brillantes études (polytechnicien, sorti major de l'École des Ponts et Chaussées) Sadi Carnot, petit-fils du célèbre général révolutionnaire Lazare Carnot, commença une carrière d'ingénieur. Puis il proposa ses talents dans la sphère publique en occupant d'abord des postes de hauts fonctionnaires, puis en devenant préfet de la Seine-Inférieure. Repéré par le milieu politique, il devint sous-secrétaire d'État aux Travaux Publics puis ministre des Travaux Publics. Il devint enfin ministre des Finances en 1885. À la suite de la démission de Jules Grévy, mis en cause dans « l'affaire des Décorations », Sadi Carnot lui succéda à la présidence de la République, en décembre 1887. Le début de son mandat fut marqué par l'agitation boulangiste et le scandale de Panama, en 1892. Dans un contexte d'agitation syndicale et anarchiste (des lois relatives à la liberté individuelle et aux délits de presse venant d'être votées), Sadi Carnot fut assassiné d'un coup de poignard par l'anarchiste italien Sante Caserio en juin 1894, lors de l'Exposition universelle de Lyon. Son assassinat fit adopter par la Chambre la dernière et la plus marquante des lois, visant uniquement les anarchistes, en leur interdisant tout type de propagande. Cette loi ne fut abrogée qu'en 1992. Carnot repose au Panthéon. Il est le seul président français qui y soit inhumé.

(IIIe République)

Casimir-Périer Jean
(1847 – 1907)

Petit-fils de Casimir Perier (ancien chef de gouvernement de Louis-Philippe), fils d'un ministre de l'Intérieur de Thiers, Jean Casimir-Périer était également l'héritier de la majorité des actions des mines d'Anzin. Dès 1876, il fut député et sous-secrétaire d'État à l'instruction publique du cabinet Dufaure, en 1877. Il incarnait alors un courant hybride mi-républicain, mi-orléaniste. Plusieurs fois ministre, chef du gouvernement, en décembre 1893, il entendait rassembler les républicains modérés et les catholiques ralliés contre la gauche radicale ou socialiste. Une bombe lancée par un anarchiste (Auguste Vaillant) en pleine chambre lui fournit l'occasion de faire voter des lois répressives que la gauche qualifia de « lois scélérates ». Dans l'émotion qui suivit l'assassinat de Sadi Carnot, il fut élu en juin 1894 président de la République. Mais se sentant impuissant à l'Élysée, il ne supporta ni les strictes limites que la tradition républicaine fixait à sa fonction ni sa progressive mise à l'écart par les cabinets ministériels ni les campagnes que mena la gauche pour dénoncer son train de vie et son autoritarisme. D'une sensibilité à fleur de peau, acceptant difficilement l'impuissance à laquelle sa fonction le condamnait, il démissionna au bout de sept mois seulement de présidence en janvier 1895, sur un ultime réquisitoire de Jean Jaurès.

(Résistance extérieure)

Cassin René
(1887 - 1976)

Docteur puis agrégé de droit, professeur en faculté, René Cassin fut l'une des personnalités les plus marquantes de son époque. Grièvement blessé durant la guerre de 14-18, il se battit longtemps en faveur des droits de l'homme en général et des anciens combattants mutilés et autres pupilles en particulier. Soucieux de l'avenir et désireux d'éliminer les conflits meurtriers, il se tourna vers Genève et devint membre de la délégation française à la SDN au côté notamment d'Aristide Briand. Il milita alors, activement, pour la paix et le règlement pacifique des conflits. Face au péril nazi, il refusa l'armistice de Pétain et répondit à « l'appel » gaulliste. Cet éminent juriste fut alors chargé de rédiger les statuts des F.F.L puis ceux du Conseil de défense de l'Empire et enfin ceux du Comité national français au sein duquel il fut chargé de la Justice et de l'Éducation nationale. À partir de 1944 et jusqu'à la fin de sa vie, René Cassin exerça alors de hautes fonctions : vice-président du Conseil d'État, président de la Commission des droits de l'homme des Nations unies, président de l'Académie des sciences morales et politiques. Il fut l'artisan de la « Déclaration universelle des droits de l'homme ». Sa rigueur intellectuelle et sa générosité inépuisable expliquèrent l'itinéraire d'une vie dont les multiples aspects n'empêchèrent pas son unité.

(Résistance extérieure)

Catroux Georges
(1877 - 1969)

Saint-Cyrien, Georges Catroux fit la plus grande partie de sa carrière dans les Colonies françaises (Indochine, Algérie…). Fait prisonnier durant la Ière guerre mondiale, il combattit sur de nombreux théâtres extérieurs (Syrie, Turquie, Maroc où il participa à la guerre du Rif). En juillet 1939, il fut nommé gouverneur général d'Indochine, mais se heurta, pour des raisons de fond, au pouvoir civil en France. En août 1940, Catroux, ayant entendu « l'Appel du 18 juin », se rallia au général de Gaulle. Nommé par ce dernier membre du Conseil de Défense de l'Empire, commandant en chef et délégué général de la France libre au Moyen-Orient, en juin 1941, il proclama l'indépendance de la Syrie et du Liban au nom du général de Gaulle. Après la campagne de Syrie, il fut nommé Haut-commissaire de la France libre au Levant. Après décembre 1942, il servit d'intermédiaire entre le général Giraud à Alger et le général de Gaulle à Londres. Lors de la création du CFLN, en juin 1943, le général Catroux fut nommé commissaire d'État. En septembre 1944, il devint ministre d'État, chargé de l'Afrique du nord du Gouvernement Provisoire de la République Française. En janvier 1945, à l'époque ambassadeur en URSS, il vit s'abattre le rideau de fer. Il termina sa riche carrière sous la IVe comme ministre « Résidant », en Algérie.

(Ve République)

Chaban-Delmas Jacques
(1915 – 2000)

Jacques « Chaban » Delmas fit d'abord des études de droit et de sciences politiques. Officier de réserve formé à Saint-Cyr en 1940, il devint inspecteur des finances durant la guerre En 1943, à la fois résistant et adjoint du délégué militaire de la région parisienne, des arrestations conduisirent à sa nomination comme délégué militaire national en 1944. En août de la même année, le général Chaban fut présent lors de la reddition allemande. Député radical de la Gironde à partir de novembre 1946 et maire de Bordeaux durant 47 ans, il devint ministre des Travaux publics sous Mendès France en 1954-1955 et ministre de la Défense nationale en 1957-1958. Il se mit ensuite à la disposition de de Gaulle. Organisateur de l'UNR, Chaban fut élu président de l'Assemblée nationale en décembre 1958, contre Paul Reynaud, pourtant candidat de de Gaulle. Il resta au « perchoir » jusqu'en 1969 et le retrouva de 1978 à 1981 puis de 1986 à 1988. Après 1969, il prépara l'après-gaullisme avec Georges Pompidou, qui le nomma Premier ministre en juin 1969. Il préconisa alors une « nouvelle société », d'inspiration centriste et sociale. Désigné candidat gaulliste à l'élection présidentielle de 1974, après la mort brutale de Georges Pompidou, il subit la concurrence du centriste Giscard d'Estaing, mais fut également victime d'un retournement d'alliance de Jacques Chirac qui voulait devenir Premier ministre.

(Ve République)

Chalandon Albin
(1920 – 2020)

Albin Chalandon fit d'abord des études de Lettres. Résistant il participa à la Libération de Paris en août 1944. Après l'inspection des Finances, il devint membre du cabinet de Léon Blum, alors président du gouvernement provisoire. Il s'engagea ensuite dans la vie politique et s'inscrivit au RPF en 1948. En 1952, il créa la Banque commerciale de Paris, qu'il présida de 1964 à 1968. Revenu à la politique en 1968 il devint secrétaire général de l'UNR, puis secrétaire général adjoint de l'UDR en 1974. Ministre de l'Industrie de Georges Pompidou de mai à juillet 1968, il devint ministre de l'Équipement et du Logement dans les gouvernements Couve de Murville et Chaban-Delmas. En 1969, il eut l'idée de proposer des maisons individuelles bon marché aux ménages les plus modestes. Environ 65 000 «chalandonnettes» furent construites entre 1970 et 1972 mais certaines malfaçons ne permirent pas de pérenniser le système. Sous Giscard, il devint ensuite président du groupe pétrolier nationalisé Elf-Aquitaine entre 1977 et 1983. Il en fut écarté après l'arrivée au pouvoir de la gauche pour avoir voulu s'opposer au plan de restructuration de la chimie lourde française. Élu député cette fois-ci dans le Nord, lors des élections législatives de mars 1986, il devint ministre une dernière fois (comme Garde des Sceaux) entre 1986 à 1988, durant la première cohabitation entre le Président (F. Mitterrand) et le Premier ministre (J. Chirac).

(Ve République)

Charasse Michel
(1941 – 2020)

De formation juridique, Michel Charasse sortit de Sciences-Po Paris. Adhérant à la SFIO en 1962, il fut secrétaire général adjoint du groupe socialiste à l'Assemblée nationale de 1967 à 1981. Il devint ensuite sénateur pour le Puy-de-Dôme de 1981 à 1988. En juin 1988, il fut nommé ministre délégué chargé du Budget, dans le gouvernement de Michel Rocard, fonction qu'il conserva sous le gouvernement d'Édith Cresson. Il rétablit l'impôt sur les grandes fortunes (IGF), devenu ensuite impôt de solidarité sur la fortune (ISF). En avril 1992, Charasse devint ministre du Budget du gouvernement Bérégovoy. Réélu sénateur aux élections de 1992, il quitta le gouvernement et redevint conseiller du président Mitterrand. Après l'élection présidentielle de 2002, il apporta son soutien à la réforme Fillon sur le régime des retraites en laissant entendre que le PS avait préparé une réforme comparable. Durant l'élection présidentielle de 2007, il créa la surprise en recevant dans sa mairie, le candidat UMP Nicolas Sarkozy. En avril 2008, il fut suspendu du Parti socialiste sur décision du bureau national, pour avoir soutenu un candidat dissident à la présidence du conseil général du Puy-de-Dôme. Puis il fut exclu du PS en mai 2010. Il trouva alors refuge au groupe du RDSE (centriste). En février 2010, il fut alors proposé comme membre du Conseil constitutionnel par le président Sarkozy.

(IIIe République)

Chautemps Camille
(1885 - 1963)

Combattant volontaire de la Première Guerre mondiale, avocat, député radical-socialiste Camille Chautemps fut plusieurs fois ministre entre 1924 et 1926 et quatre fois président du Conseil, entre 1930 et 1938. Député du Loir-et-Cher de 1929 à 1934, il devint sénateur à cette date et le resta jusqu'en 1940. Homme courtois et habile, il était dignitaire de la franc-maçonnerie, et son influence fut grande au sein du parti radical. Dans les années 1930, il avait été président du Conseil au moment de l'affaire Stavisky. L'indignation publique le prit alors pour cible, notamment parce qu'il avait refusé de former une commission d'enquête. Après la chute du cabinet Blum, Chautemps reprit la direction du gouvernement entre 1937 et 1938, tentant de poursuivre l'expérience du Front populaire tout en adoucissant certaines modalités (création de la SNCF, mais atténuation des réformes sociales). En janvier 1938, en séance de la Chambre des députés, Chautemps prononça des paroles jugées menaçantes pour la classe ouvrière. Au sein de la coalition, il « rendit sa liberté » au Parti communiste dont l'opposition ne cessait alors de s'amplifier contre sa politique et son parti. Membre du cabinet Reynaud en mai 1940 et partisan de l'armistice, il quitta le gouvernement Pétain, le 10 juillet 1940, et gagna peu après les États-Unis.

(Ve République)

Cheysson Claude
(1920 - 2012)

Après de brillantes études (Normale-Sup, Polytechnique, ENA), Claude Cheysson entra dans la carrière diplomatique en 1948, comme attaché au commissariat général aux affaires allemandes et autrichiennes, puis conseiller à la présidence du gouvernement du Vietnam en 1952. Il devint alors chef adjoint puis chef de cabinet du président du conseil, Pierre Mendès-France et le collaborateur d'Alain Savary au secrétariat d'État aux affaires marocaines et tunisiennes (1956). Affecté ensuite à la commission de coopération technique en Afrique, de 1957 à 1962, il devint directeur de l'organisme saharien jusqu'en 1965. Promu ministre plénipotentiaire la même année, il devint ambassadeur à Djakarta (Indonésie) un an plus tard. Claude Cheysson adhéra ensuite au Parti socialiste en 1974 et commença une seconde carrière. Entré au gouvernement après l'élection de F. Mitterrand en mai 1981, il dirigea la diplomatie française dans un style très personnel (et abrupt) jusqu'en 1984, s'imposant comme l'une des figures les plus marquantes, mais aussi les plus contestées, du gouvernement socialiste de l'époque. Homme de gauche, militant en faveur du tiers-monde et, dans sa traduction politique, pour le non-alignement, il fut également membre de la Commission européenne de 1973 à 1981 (coopération et développement) et de 1985 à 1988 (politique méditerranéenne et relations Nord-Sud).

(Ve République)

Chirac Jacques
(1932 – 2019)

Après être sorti de l'ENA, Jacques Chirac entra à la Cour des Comptes en 1959. En 1962, il fit ses premières armes ministérielles sous la présidence de Georges Pompidou. Il joua un rôle significatif lors des accords de Grenelle en 1968. Après 1969, il fut nommé ministre des Relations avec le Parlement, ministre de l'Agriculture puis ministre de l'Intérieur en mars 1974. Il soutint, après la mort de Pompidou, la candidature de Giscard d'Estaing à la présidence de la République contre celle du « gaulliste historique » Jacques Chaban-Delmas Devenu Premier ministre en 1974, il démissionna avec fracas de cette fonction en 1976. Chirac transforma alors l'UDR en RPR et en devint président. En 1977, il fut élu maire de Paris, fonction qu'il occupa durant 18 ans. Il échoua à la présidentielle de 1981 contre Mitterrand mais après la victoire du RPR aux législatives de 1986, il devint Premier ministre d'un gouvernement dit de « cohabitation ». Contraint de démissionner en mai 1988, à la suite de sa défaite face à François Mitterrand lors du second tour de l'élection présidentielle, il redevint le leader de l'opposition au gouvernement socialiste. Il laissa Édouard Balladur former le deuxième gouvernement de cohabitation issu des élections législatives de 1993. Se portant une nouvelle fois candidat à l'élection présidentielle de 1995, Jacques Chirac engagea alors une campagne sur le thème de la réduction de la fracture sociale. Il parvint à devancer Édouard Balladur au premier tour et à l'emporter sur le candidat de la gauche unie Lionel Jospin au second. Il nomma alors au poste de Premier ministre, Alain Juppé, dont la politique de rigueur valut à celui-ci une certaine impopularité (grandes grèves de décembre 1995 sur la réforme des régimes spéciaux de la Sécurité sociale). Le Président procéda à la dissolution de l'A.N. en avril 1997, mais la gauche remporta les élections législatives. Chirac fut alors contraint d'appeler son rival, Lionel Jospin, à la tête du gouvernement. Cette 3ème cohabitation fut à l'origine d'une réforme constitutionnelle. En septembre 2000, un référendum acta la parité entre la durée du mandat présidentiel, ramenée à cinq ans, et celle du mandat des députés. Candidat à sa réélection en 2002, Jacques Chirac n'obtint que 19,85 % des voix à l'issue d'un premier tour marqué par une très forte abstention, mais eut la surprise d'affronter au second tour le nationaliste Jean-Marie le Pen, dont les suffrages acquis au premier tour furent supérieurs à ceux du candidat socialiste Lionel Jospin. Face à lui, il bénéficia du report massif des voix de la gauche. Chirac fut réélu en mai 2002 avec le score historique de 82,22 % des suffrages. Au début de son second mandat, Jacques Chirac fixa les orientations que devait mettre en œuvre son Premier ministre, Jean-Pierre Raffarin, en matière notamment de décentralisation. Sur la scène diplomatique internationale, Chirac s'opposa à l'ultimatum des États-Unis à l'encontre de l'Irak de Saddam Husayn. Mais il dut faire face à l'échec du référendum sur l'approbation du traité constitutionnel européen de mai 2005. En septembre 2005, il fut victime d'un AVC. Désormais diminué, il annonça sa décision de ne pas briguer un troisième mandat.

(IVe République)

Claudius-Petit Eugène
(1907 – 1989)

Eugène Claudius-Petit fut l'un des membres fondateurs du CNR où il représentait les « Mouvements Unis de la Résistance ». Il quitta la France pour rejoindre Londres puis Alger où il fut délégué à l'Assemblée consultative provisoire. De retour à Paris, il fut décoré de la Croix de guerre et de la Légion d'honneur. Il devint député aux assemblées constituantes, puis à l'Assemblée nationale de 1946 à 1955 sous l'étiquette Union démocratique et socialiste de la Résistance (UDSR). Au cours de la IVe et Ve République, Claudius-Petit, devint l'une des figures d'un centrisme moderne et social. Nommé ministre de la Reconstruction et de l'Urbanisme en septembre 1948, il mena une vaste politique d'équipement et de planification dans une France d'après-guerre dévastée, devant faire face à une pénurie de logements. En février 1950, il présenta devant le conseil des ministres un rapport intitulé « *Pour un plan national d'aménagement du territoire* » qui fut considéré comme le manifeste fondateur de la politique menée au cours du demi-siècle suivant. Par la suite, il conserva son poste dans de très nombreux gouvernements jusqu'en janvier 1953. Il fut notamment ministre du Travail et de la Sécurité sociale dans le gouvernement Mendès France avant de démissionner suite au rejet de la CED. Battu aux élections de 1956, il retrouva - comme centriste - son siège à l'AN de 1958 à 1962, puis de 1967 à 1978.

(IIIe République)

Clemenceau Georges
(1841 – 1929)

Lorsque Raymond Poincaré fit appel à Georges Clemenceau pour devenir président du Conseil en novembre 1917, ce dernier montra une telle énergie pour galvaniser les troupes, refuser le défaitisme et imposer le général Foch dans les heures critiques du printemps 1918, qu'il fut surnommé de « Père la victoire » après la capitulation allemande. Ce surnom vint couronner une prestigieuse carrière politique commencée en 1876 lorsqu'il fut élu député de Paris. De cette époque jusqu'à la veille de la Première Guerre mondiale, Clemenceau fut d'abord, comme républicain de gauche radicale puis comme député radical plus modéré, un pourfendeur de gouvernement(s). Cela lui valut à l'époque son surnom de « Tigre » devenant un homme politique majeur, intervenant dans tous les combats, de Dreyfus à la loi de séparation de l'Église et de l'État. Son apogée politique se situa un peu plus tard, entre 1906 et 1909, où il cumula les fonctions de ministre de l'Intérieur et de président du Conseil. Devenu un ardent défenseur du patriotisme, il se brouilla définitivement avec ses ex-amis socialistes partisans du pacifisme. Clemenceau termina sa carrière en étant le représentant français à la conférence de la paix de Versailles de 1919, où certains historiens jugèrent (a posteriori) qu'il se montra trop dur envers l'Allemagne. En 1919, il remporta les élections législatives à la tête du Bloc national, (de centre-droit) mais usé, il se retira de la vie politique.

(IIIe République)

Combes Émile
(1835 – 1921)

Émile Combes fut désigné président du Conseil en juin 1902, à l'âge déjà avancé de 67 ans. Cette reconnaissance publique tardive vint du fait qu'il ne fit pas réellement de politique avant 1885. Dans sa jeunesse, il avait tout d'abord entrepris des études de séminariste pour devenir docteur en théologie, en 1835, avant que la foi ne le quitte et qu'il devienne médecin. En 1885, il fut élu sénateur et se fit connaître comme président du groupe de la « Gauche Démocratique ». Combes se dota d'une expérience ministérielle dans un cabinet précédent et fut appelé à la présidence du conseil, en 1902. Il mena alors une politique très anticléricale en appliquant avec intransigeance la loi de 1901 sur les associations. Sous son ministère, plus de 2 500 écoles religieuses furent fermées et les enseignements congréganistes furent interdits. Lors de sa visite à Rome, en mars 1904, Pie X critiqua vivement les nouvelles lois françaises. En réaction, Combes décida de rompre avec le Vatican. Mais il dut démissionner, dès janvier 1905, en raison d'un scandale portant sur le fichage secret des convictions politiques et religieuses des cadres militaires. Il n'était donc plus au pouvoir lorsque fut votée la célèbre loi de séparation des Églises et de l'État, de décembre 1905, mettant fin au régime concordataire de 1801. Les relations avec Rome reprirent en mai 1921.

(Résistance intérieure)

Copeau Pascal
(1908 – 1982)

Pascal Copeau, fils du metteur en scène Jacques Copeau, suivit de brillantes études (Louis-le-Grand, Sciences-Po). Après avoir été journaliste, il fut arrêté en Espagne en mai 1941, alors qu'il tentait de rejoindre l'Angleterre. Ramené en France et après une courte peine de prison, il travailla à « Paris-Soir » qui lui permit de reprendre contact avec le résistant Emmanuel d'Astier, que Copeau avait connu avant-guerre. Devenu son homme de confiance, Copeau devint membre du comité directeur des « Mouvements Unis de la Résistance ». À l'été 1943, il prit la direction de « Libération-Sud », à la demande de d'Astier, parti pour Londres. En septembre 1944, il entra au bureau permanent du CNR et à la direction du Mouvement de libération nationale. Membre de l'assemblée consultative provisoire en novembre 1944, il fut élu député de Haute-Saône en octobre 1945, comme candidat de l'Union républicaine et résistante, avec le soutien du PCF. Réélu en juin 1946, il décida de ne pas se représenter lors des élections de novembre, en raison de son orientation sexuelle, qu'il souhaitait ne pas divulguer. Copeau travailla ensuite à « Radio-Maroc » pendant une dizaine d'années, puis devint directeur régional de l'ORTF, puis de FR3 à Dijon. Sur la fin de sa vie, cet homme sensible connut des épisodes dépressifs.

(Résistance intérieure)

Cordier Daniel
(1920 – 2020)

À 17 ans, Daniel Cordier était militant de l'Action Française. Révolté par la demande d'armistice de Pétain, il parvint à s'enfuir en Angleterre ou il rejoignit le général de Gaulle. Sur place, il suivit une formation militaire. Promu « aspirant » en août 1941, il fut affecté au service « action » du BCRA. Il suivit alors un entraînement dans les écoles de l'Intelligence Service sur le sabotage, la radio, les atterrissages et parachutages. Daniel Cordier fut parachuté en France, fin juillet 1942, comme radio et secrétaire de Georges Bidault, chef du Bureau d'Informations. À Lyon, il rencontra Jean Moulin qui l'engagea pour organiser son secrétariat à Lyon puis à Paris. Après son arrestation, Cordier poursuivit sa mission en zone nord comme secrétaire de la délégation générale en France auprès de Claude Bouchinet. À son poste jusqu'en mars 1944, pourchassé par la Gestapo, il s'évada par les Pyrénées. Interné en Espagne, il put revenir en Angleterre fin mai 1944 et fut nommé chef de la section des parachutages d'agents du BCRA. Chef de cabinet du colonel Passy, alors directeur de la DGER (ancêtre du SDECE), il démissionna après le départ du général de Gaulle en 1946. Après la guerre, il ouvrit une galerie d'art à Paris et à New York jusqu'en 1964. Par la suite, il se fit historien pour défendre la mémoire de Jean Moulin, parfois controversée.

(IVe République)

Coty René
(1882 – 1962)

De formation littéraire René Coty se dirigea d'abord vers le droit et s'inscrivit au barreau du Havre. Rapidement la politique l'intéressa. Il devint d'abord conseiller municipal du Havre en 1908 sur une liste républicaine de gauche. Par la suite, il se droitisa. Membre de l'Alliance démocratique puis du CNIP, il fut alternativement député et sénateur de la Seine-Inférieure entre 1923 et 1953. En 1936, en tant que sénateur il fut de ceux qui votèrent les pleins pouvoirs au maréchal Pétain, en 1940. Cependant, en 1943 il travailla avec un petit groupe de sénateurs à Paris en faveur de la Libération. Relevé en 1945 par un jury d'honneur de son inéligibilité, il commença alors une carrière ministérielle (ministre de la Reconstruction et de l'urbanisme dans le premier cabinet de Robert Schuman en 1947 puis dans celui d'André Marie). Par la suite, il devint vice-président de l'Union parlementaire européenne en 1949. Son heure de gloire intervint lorsqu'il fut élu Président de la République en décembre 1953 (au 13ème tour du scrutin !!) avec le soutien de la droite et du centre. Il vit alors son mandat marqué par le gouvernement du radical Pierre Mendès France, la fin de la guerre d'Indochine et le conflit algérien. En 1958, les « événements d'Alger » le conduisirent à appeler à la présidence du Conseil le général de Gaulle, qu'il présenta comme le « *plus illustre des Français* ». La personnalité qui rapidement institua la Vème République.

(Ve République)

Couve de Murville Maurice
(1907 – 1999)

Reçu au concours de l'Inspection générale des finances en 1930, Maurice Couve de Murville devint en septembre 1940 Directeur des Finances Extérieures et des Changes du régime de Vichy, ce qui le conduisit à faire partie de la délégation française à la Commission d'armistice de Wiesbaden. Il quitta Vichy en mars 1943 pour rejoindre Alger, où il travailla d'abord auprès du général Giraud, avant d'être nommé en juin 1943 commissaire aux finances du CFLN, puis de se rallier au général de Gaulle. À la Libération, il passa de l'administration des finances à la diplomatie pour être nommé ambassadeur à Rome par le GPRF en 1945, puis aux postes successifs d'ambassadeur de France au Caire, auprès de l'OTAN, à Washington et enfin à Bonn par les différents gouvernements de la IVe République. À son retour au pouvoir en juin 1958, le général de Gaulle le nomma ministre des Affaires étrangères. Il y resta dix ans jusqu'aux événements de mai 1968, qui le vit passer à Matignon début juillet 1968. Après l'élection de Georges Pompidou à l'Élysée en 1969, Maurice Couve de Murville ne fit plus partie d'un gouvernement. Il fut élu à l'Assemblée nationale lors des élections législatives de 1973 où il devint président de la commission des Affaires étrangères jusqu'en 1981. Aux élections législatives de juin 1981, il fut réélu député de Paris avant d'être élu sénateur en 1986, jusqu'en 1995.

(Ve République)

Crépeau Michel
(1930 – 1999)

Michel Crépeau fit des études de droit à Bordeaux et devint avocat en 1955 au barreau de la Rochelle. Il fit ses premiers pas en politique en 1958. Élu conseiller général, il échoua de justesse aux Législatives de 1968. En mars 1971, il remporta les élections municipales pour devenir maire de La Rochelle, fonction qu'il occupa jusqu'à sa mort. Il prit alors de nombreuses initiatives dans les domaines de l'environnement, de l'urbanisme et de la culture. Il bloqua certaines constructions sur le littoral, étendit les espaces verts, mit en place un service de recyclage des déchets. Ce fut également lui qui inaugura le premier secteur piétonnier de France en 1975. En 1972, il participa à la création du Mouvement des radicaux de gauche (MRG), à la suite de la scission du Parti radical. Il en devint le président entre 1978 et 1981 et le candidat à l'élection présidentielle de 1981, où il obtint 2,21 % des suffrages. Après le succès de F. Mitterrand en 1981, il devint ministre de l'Environnement dans le gouv. de Pierre Mauroy. En 1983, il fut nommé ministre du Commerce et de l'Artisanat. Son portefeuille fut étendu au tourisme dans le gouvernement de Laurent Fabius en 1984. En février 1986, il succéda à Robert Badinter au poste de Garde des sceaux, mais ne conserva le poste qu'un seul mois. Réélu député de la Charente-Maritime en juin 1997, il devint président du groupe parlementaire Radical-citoyen-vert (RCV). Il décéda d'un arrêt cardiaque brutal en 1999.

(IIIe République)

Croizat Ambroise
(1901 – 1951)

Ambroise Croizat, simple ouvrier ajusteur à l'origine, devint secrétaire général de la Fédération des travailleurs de la métallurgie CGT. Il fut par la suite élu député communiste de la Seine de 1936 à 1940. Après avoir purgé une peine de prison, pour son appartenance au PC, interdit sous le gouvernement de Vichy, il fut transféré en Algérie. Libéré en février 1943, trois mois après le débarquement allié en Afrique du Nord, il fut alors nommé par la CGT clandestine à la commission consultative du gouvernement provisoire d'Alger. En 1945, le général de Gaulle, chef du GPRF, fit appel à lui en tant que ministre du Travail et de la Sécurité sociale. Poste qu'il occupa entre 1945 et 1947, sous divers gouvernements jusqu'à ce que les communistes quittent en 1947 le « tripartisme ». Durant son mandat, il fut chargé d'améliorer le système de protection sociale (assurance maladie, système de retraite, allocations familiales), d'organiser la Sécurité sociale en application des ordonnances des 4 et 19 octobre 1945. Son influence s'exerça également sur les projets concernant les comités d'entreprise, les conventions collectives, la prévention et la réparation des accidents du travail, le régime des prestations familiales. En 28 mois, il accomplit ainsi une oeuvre considérable. Ambroise Croizat décéda à la suite d'une grave intervention chirurgicale. Le Parti communiste lui fit de grandioses funérailles.

(Colonies)

D'Argenlieu Thierry
(1889 – 1964)

Thierry d'Argenlieu sortit de l'École navale en 1906. Après la Première Guerre, il abandonna la carrière militaire pour entrer dans l'ordre des Carmes en 1920. Il fut ordonné prêtre en 1925. Mobilisé en 1939, il fut fait prisonnier en juin 1940, mais s'évada et rejoignit le général de Gaulle à Londres. En août 40, il prit part à la tentative ratée de ralliement de Dakar. En novembre 1940, il dirigea les opérations navales lors de la campagne du Gabon et devint en 1941, membre du Conseil de défense de l'Empire puis du CNF. Après une mission politique au Canada en mars 1941, il fut nommé Haut-commissaire de France pour le Pacifique avec les pleins pouvoirs civils et militaires. À ce titre, il présida au ralliement de Wallis-et-Futuna en mai 1942. Au cours de son séjour en Nouvelle-Calédonie, son autoritarisme lui valut une certaine animosité de la population. Revenu à Londres en 1943, d'Argenlieu fut nommé chef des Forces Navales Françaises libres en Grande-Bretagne. Promu Amiral en 1945, de Gaulle l'envoya alors en Indochine ou il fut nommé Gouverneur général et Haut-commissaire, avec mission de rétablir la souveraineté française. Il fut maintenu à son poste sous les gouvernements de Félix Gouin, Georges Bidault et Léon Blum. Mais son manque de diplomatie en Indochine fut controversé, notamment par le général Leclerc. Il fut remplacé en mars 1947 et reprit alors sa vie religieuse.

(Résistance intérieure)

D'Astier de la Vigerie Emmanuel
(1900 – 1969)

Démissionnaire de la marine en 1931, Emmanuel d'Astier de la Vigerie fut d'abord un journaliste. Refusant l'armistice de 1940, il fonda une organisation : « la Dernière Colonne » se destinant au sabotage. En janvier 1941, son organisation étant décimée par les arrestations, il entra dans la clandestinité sous le pseudonyme de « Bernard ». Il créa en juin 1941 le mouvement « Libération » qui, avec « Combat » et « Franc-Tireur », devint l'un des trois plus importants mouvements de résistance de la zone sud. En janvier 1942, une liaison fut établie avec Londres. En mai 1942, il rencontra de Gaulle. Envoyé en mission à Washington, en juin 1942, il fut chargé, sans succès, de négocier, auprès de Roosevelt, la reconnaissance de la France libre. Il fut alors désigné pour siéger en janvier 1943, au Directoire des Mouvements unis de Résistance (MUR) dont il fut le commissaire aux affaires politiques. Emmanuel d'Astier, revenu à Londres, retourna en métropole, en juillet 1943, à la suite de l'arrestation de Jean Moulin. De retour à Londres en octobre 1943, il prit les fonctions de commissaire à l'Intérieur du CFLN, à Alger, en novembre 1943. À compter de la création du GPRF, en juin 1944, d'Astier devint ministre de l'Intérieur. Élu député apparenté communiste de 1946 à 1958, il fonda pour finir le quotidien « Libération ».

(Ve République)

D'Ornano Michel
(1924 – 1991)

Descendant de Marie Walewska et du maréchal d'Ornano, fils de Guillaume d'Ornano, cofondateur des parfums Lancôme, Michel d'Ornano fit des études de droit, puis une carrière d'industriel du parfum, avec son père et son frère. Il s'engagea en politique en 1962 en accédant à la mairie de Deauville, lieu de villégiature de ses parents. Il fut élu régulièrement député de 1967 à 1991, période au cours de laquelle il entra au gouvernement. Ami de Valéry Giscard d'Estaing, il fonda avec ce dernier les Républicains indépendants (RI), puis adhéra à l'UDF. Il devint son directeur de campagne pour l'élection victorieuse présidentielle de 1974. Cela lui valut d'être ministre durant toute la présidence de VGE, aux portefeuilles successivement de l'Industrie et de la Recherche, des Affaires culturelles, et de l'Environnement et du cadre de vie. Au ministère de l'Industrie, il fut de ceux qui mirent en place le programme du nucléaire civil en France. Durant cette période, il devint membre puis président du conseil général du Calvados, et président du conseil régional de Basse-Normandie en 1983. Il créa autour de lui un clan qui fit de lui l'homme fort de la Basse-Normandie durant 30 ans. Il installa sa femme, Anne d'Ornano, à la mairie de Deauville, en 1977, mais mourut d'un accident banal, renversé par une camionnette de livraison.

(IIIe République)

Daladier Édouard
(1884 – 1970)

Édouard Daladier fut l'un des grands hommes du parti radical (avec Édouard Herriot) des années 1920 et 1930. Agrégé d'Histoire, acquit aux idées de gauche, il se lança dans la politique à la fin de la Grande Guerre et fut député du Vaucluse de 1919 à 1940. Pendant cette période, il fut ministre de très nombreuses fois et notamment ministre de la Guerre ou de la Défense nationale. Son apogée politique se situa entre 1933 et 1938 où il fut Président du Conseil à trois reprises et où son action fut prédominante dans la formation, en 1936, du Front Populaire constitué des communistes, des socialistes et des radicaux. Après la fin de cette expérience politique, Daladier redevint Président du Conseil en avril 1938. C'est à ce titre qu'il fut le représentant français signataire en septembre de la même année des « accords de Munich », censés sauver la paix, et qui ne serviront qu'à retarder une guerre devenue inévitable. Jugé en 1942 au procès de Riom (en compagnie de Blum) et incarcéré par l'État français de 1940 à 1943, Daladier fut déporté en Allemagne jusqu'en 1945, où les Américains le libérèrent. Après la guerre, son engagement politique s'éteignit progressivement pour s'achever définitivement, en 1958, avec le retour du général de Gaulle dont il refusa l'investiture.

(Vichy)

Darlan François
(1881 – 1942)

François Darlan diplômé de l'École Navale, en 1901, participa honorablement à la Première Guerre mondiale. Plus tard, il dirigea de 1934 à 1936 l'escadre de l'Atlantique. Il fut ensuite nommé chef d'état-major de la Marine. En juin 1940, il se montra favorable à l'armistice. Devenu secrétaire d'État à la Marine de Vichy, en juin 1940, il était alors vice-président du Conseil et successeur désigné de Pétain en février 1941. Favorable dans un premier temps à la collaboration avec l'Allemagne, il leur concéda, par les protocoles de Paris en 1941, l'ouverture de certains ports français d'outre-mer. Quand Laval revint au pouvoir, en avril 1942, il démissionna de ses fonctions gouvernementales. Resté cependant commandant en chef de l'armée d'armistice, il se trouva fortuitement à Alger lors du débarquement allié de novembre 1942. Soutenu par les Américains, qui cherchaient un partenaire qui ne soit pas gaulliste, il négocia un accord avec l'amiral Clark. Ceci permit à Darlan de renforcer son autorité sur place, tout en avalisant l'occupation américaine de l'Afrique du Nord. Devenu par opportunisme pro-américain il put alors se proclamer « Haut-Commissaire en Afrique du Nord », en dissidence de Vichy. Mais fin décembre 1942, il fut assassiné par un jeune résistant royaliste, un événement finalement heureux pour les gaullistes.

(Vichy)

Darnand Joseph
(1897 – 1945)

Joseph Darnand fut toute sa vie un activiste d'extrême droite. Il adhéra à l'Action Française, en 1925, rejoignit les Croix-de-Feu en 1935, fit probablement partie de la « cagoule », une organisation secrète adepte des assassinats politiques, et rejoignit enfin le Parti Populaire Français de Jacques Doriot, en 1936. La défaite française quatre ans plus tard et l'avènement d'un régime rejetant à la fois la République et le bolchevisme permit à cet homme entier d'obtenir des pouvoirs de police redoutables. Il commença par créer le Service d'Ordre Légionnaire (SOL) en 1941, un mouvement paramilitaire et antisémite qu'il transforma en janvier 1943 en « Milice », véritable auxiliaire zélé de la « gestapo » allemande, chassant aussi bien les résistants que les Juifs. En octobre 1943, il rejoignit lui-même les « Waffen-SS ». Courant 1944, lorsque le dernier carré des collaborationnistes prit définitivement le pouvoir à Paris, Darnand rentra au gouvernement comme Secrétaire général au maintien de l'ordre, puis à l'intérieur. La libération anglo-américaine de la France l'obligea à fuir à Sigmaringen en Allemagne, puis à s'exiler en Italie où, éternel baroudeur, il partit se battre contre les partisans locaux. Rattrapé par la justice italienne qui le renvoya en France, il fut condamné à mort par la Haute-Cour de Justice et exécuté le 10 octobre 1945.

(Vichy)

Darquier de Pellepoix Louis (1897 – 1980)

Louis Darquier de Pellepoix fut antisémite toute sa vie. En décembre 1935, après avoir quitté le mouvement Croix-de-feu, trop modéré à son goût, il prit, en mai 1937, la présidence du Comité antijuif de France, fédérant ainsi les principaux organes de combat contre les Juifs et les Francs-maçons. Après la guerre, il fonda, en novembre 1940, l'Union française pour la défense de la race. Il fut proposé une première fois, en 1941, par les Allemands comme responsable de la question juive en France. Après le retour au pouvoir de Laval, en avril 1942, ses protecteurs réussirent à l'imposer au poste de Commissaire général aux questions juives, où il succéda à Xavier Vallat. Sa nomination fut notamment due au responsable des questions juives pour la Gestapo à Paris. Darquier exerça cette fonction jusqu'en février 1944, date à laquelle il fut chassé pour malversations dans la gestion des biens juifs. Après la Libération, il parvint à s'enfuir en Espagne franquiste, où il devint professeur de français, puis traducteur dans une administration. En décembre 1947, il fut condamné à mort par contumace, à la dégradation nationale à vie et à la confiscation de ses biens. En 1948, il fut retrouvé à Madrid par un journaliste, vivant sous le nom d'Estève et s'adonnant au marché noir. Il mourut en Espagne, en 1980, sa mort n'étant connue en France que trois ans plus tard.

(IIIe République)

Dautry Raoul
(1880 – 1951)

Polytechnicien, Raoul Dautry mit au point, en 1914, un système de circulation des trains permettant plus facilement aux renforts de se rendre sur le front de l'Est (dans le cadre notamment de la Ière bataille de la Marne). Plus tard, Dautry occupa de hauts postes de direction à la SNCF. Durant « la drôle de guerre » il devint ministre de l'armement, de septembre 1939 à juin 1940, dans les gouvernements Daladier et Reynaud. Il obtint l'accord du premier nommé pour envoyer une mission militaro-civile, en Norvège, récupérer le stock disponible d'eau lourde (utile dans certains process chimiques) convoitée également par les Allemands, pour la fabrication d'armes nucléaires. Dautry veilla également à ce qu'en pleine débâcle de 1940, ce stock soit transféré en Angleterre. Après-guerre, il joua son propre rôle de ministre de l'armement dans un film de Jean Dréville, intitulé « *la Bataille de l'Eau Lourde* » tournée, en 1948, où figurait un grand nombre de protagonistes de cet événement historique. À la Libération, Dautry fut nommé ministre de la Reconstruction et de l'urbanisme dans le GPRF du général de Gaulle entre novembre 1944 et janvier 1946. Ce fut à cette époque que le Centre à l'Énergie Atomique fut créé. Le Ier haut-commissaire fut le physicien Frédéric Joliot-Curie associé à Raoul Dautry (nommé alors administrateur général).

(IIIe République)

De Broglie Albert
(1821 – 1901)

Albert de Broglie, monarchiste issu d'une illustre famille, fut tout à la fois historien, diplomate et homme d'État. À la chute du Second Empire, il fut nommé ambassadeur à Londres. Devenu le chef de file des « Orléanistes », à la Chambre des députés, il s'opposa à Thiers, alors président de la République. En mai 1873, il parvint à conduire une coalition qui fit élire le maréchal de Mac-Mahon à la Présidence. Mais la restauration monarchique se révéla impossible après les exigences d'ancien régime du comte de Chambord. Sous Mac-Mahon, de Broglie fut le chef d'un gouvernement « d'ordre moral » qui rencontra de nombreuses oppositions. Il défendait alors une conception aristocratique du bicaméralisme, proposant par exemple, en mai 1874, un « Grand Conseil des Notables ». Celui-ci mêlait des membres nommés à vie par le président de la République, des membres de droit éminents et d'autres élus pour leurs capacités. Son projet provoqua une nouvelle coalition parlementaire. Après la démission de Jules Simon, de Broglie accepta de former un nouveau cabinet. Mais les Républicains s'opposèrent à son ministère. En juin 1877, Mac-Mahon fut contraint de dissoudre la chambre, et la suivante conforta une majorité républicaine. De Broglie dut cette fois-ci démissionner définitivement. Il acheva sa carrière comme sénateur.

(Ve République)

De Gaulle Charles
(1890 – 1970)

S'orientant très tôt vers une carrière militaire, Charles de Gaulle entra à Saint-Cyr à 18 ans. Quelques mois après le début de la Grande Guerre, il fut promu capitaine. Blessé à deux reprises il fut décoré de la Croix de guerre. Par la suite, il rejoignit Saint-Cyr pour enseigner, mais ses théories mettant l'accent sur le mouvement et le rôle des blindés suscitèrent l'hostilité de ses supérieurs. Ses différentes publications renforcèrent sa mésentente avec l'État-major. Lorsque les combats débutèrent en mai 1940, Paul Reynaud, président du Conseil, qui l'avait lu lui donna un poste au ministère de la Défense. Quand Pétain signa la paix, de Gaulle choisit l'exil en Angleterre afin de poursuivre le combat. Il défia alors le maréchal en lançant le 18 juin 1940 un appel à la résistance, resté célèbre. Il fut alors condamné à mort par Vichy pour haute trahison. De Gaulle oeuvra alors pendant quatre ans à l'unification de la résistante française. Son objectif étant que ces mouvements soient reconnus comme représentants légitimes de la France auprès des alliés. Malgré quelques divergences de vues, de Gaulle bénéficia de l'appui officiel de Winston Churchill. Il parvint à unifier la résistance intérieure par l'intermédiaire de l'ancien préfet Jean Moulin. Finalement, sauf les E-U, les Alliés reconnurent en 1943 le Comité Français de Libération Nationale, créé par de Gaulle, comme leur seul interlocuteur. Après la libération du pays, de Gaulle prit la tête du gouvernement provisoire. Tandis que de nombreuses entreprises furent nationalisées et que les femmes obtinrent le droit de vote. Devant le renouveau des partis politiques, il démissionna en janvier 1946 et fonda un mouvement – le RPF – pour tenter de reprendre le pouvoir par les urnes mais cette tentative échoua devant le « tripartisme » instauré par la IVe République. En 1958, les événements d'Algérie non résolus par les politiciens de l'époque précipitèrent le retour du général. Appelé fin mai 1958 à la présidence du Conseil, il chargea Michel Debré de rédiger une nouvelle constitution, qu'il fit approuver par référendum. Après avoir admis que la France devait quitter l'Algérie (mars 1962), il demanda par référendum que l'élection du président se fasse désormais au suffrage universel direct. De Gaulle imposa alors sa vision indépendante de politique extérieure. Cela le conduisit à faire sortir la France du commandement intégré de l'OTAN en 1966. Il décida dès lors d'opter pour un développement nucléaire autonome, poursuivant les principes qui l'avaient conduit à voter en 1954 contre le projet de Communauté Européenne de défense. Dans le temps, sa position face à l'Europe s'adoucit, mais il s'opposa à deux reprises à l'entrée du Royaume-Uni, qu'il considérait trop proche des E-U. Après sa réélection en 1965, des étudiants parisiens déclenchèrent fin mars 1968 des manifestations et des blocages d'université qui se terminèrent par des législatives anticipées gagnées largement par les gaullistes en juin 1968. Mais en décalage avec une partie des Français, il redemanda une nouvelle fois leur soutien par référendum en avril 1969. Un scrutin perdu par le général, qui marqua la fin de sa carrière politique.

(IIIe République)

De la Rocque François
(1885 – 1946)

Fils de général, François de la Rocque sortit de Saint-Cyr en 1907. Durant la Première Guerre mondiale, il combattit dans l'Atlas marocain. Grièvement blessé, en 1916, il rejoignit le front de France. Après un passage à l'état-major, il suivit Weygand en Pologne, au cours de la campagne contre l'Armée rouge, puis Pétain dans le Rif. Il revint en France et démissionna en 1928, avec le grade de lieutenant-colonel, ayant mérité la cravate de commandeur de la Légion d'honneur. À partir de juillet 1932, de La Rocque entreprit d'orienter un mouvement nationaliste « Les Croix-de-Feu » vers une action publique légale afin de rassembler les énergies françaises. Les partis de gauche englobèrent son mouvement dans l'extrême droite tels « les Camelots du roi » ou « les Jeunesses patriotes ». Pourtant, en février 1934, La Rocque refusa de se joindre aux émeutiers et d'attaquer le Palais-Bourbon. Il évita ainsi une guerre civile qui se profilait et préserva le régime républicain. Le climat de tensions des années suivantes amena le gouvernement Blum, en juin 1936, à prononcer la dissolution des « Croix-de-Feu », qui comprenait alors un million de membres. Durant la seconde guerre, de la Rocque anima un réseau de renseignements baptisé « Klan ». Il fut arrêté par la Gestapo en mars 1943, déporté en Allemagne et libéré au soir du 8 mai 1945.

(Guerre 39-40)

De Lattre de Tassigny Jean
(1889 – 1952)

Sorti de Saint-Cyr dans la cavalerie, de Lattre combattit de façon héroïque durant la Ière guerre mondiale (4 blessures et 8 citations). Par la suite, il suivit un parcours militaire de haute tenue. En septembre 1939, le général de Lattre (le plus jeune de France) en était le chef d'état-major tandis que le colonel de Gaulle commandait des chars. L'armistice les sépara. De Lattre choisit (dans un premier temps) de rester aux ordres de Vichy. Il fut ainsi affecté, en septembre 1941, au commandement des troupes de Tunisie puis muté au commandement d'une division dans le sud. Mais il s'opposa ensuite, en novembre 1942, à l'entrée des troupes allemandes en zone libre. Arrêté sur ordre de Vichy et condamné à dix ans de prison, il fut exfiltré par voie aérienne et rejoignit Londres où il fit allégeance au général de Gaulle. Ce dernier lui confia alors le commandement des forces françaises ralliées qui débarquèrent en Provence. Il remonta ensuite les vallées du Rhône et de la Saône, libéra Colmar et, après avoir franchi le Rhin conquit Karlsruhe et Stuttgart. Ce fut également lui qui fut envoyé à Berlin pour y cosigner l'acte de capitulation allemande. Par la suite, de Lattre poursuivit sa carrière militaire en Indochine où il exerça tous les pouvoirs civils et militaires. Au cours de funérailles nationales, il fut élevé à la dignité de maréchal de France.

(Vichy)

Déat Marcel
(1894 – 1955)

Marcel Déat, un homme d'origine modeste ayant fait de brillantes études (Normale Sup, agrégé de philosophie) fut un authentique socialiste jusqu'en 1940. Député, bref ministre de l'air en 1936, il fut considéré comme un espoir de la SFIO au début des années trente mais rompit en 1933 avec Léon Blum pour des raisons de fond et de forme (voulant intégrer les classes moyennes « vulnérables » dans le front habituel anticapitaliste). Chef de file des « néo » socialistes, il essaya alors de créer une 3ème voie en créant d'abord le Parti socialiste de France suivi de l'Union socialiste et républicaine, puis en participant à la majorité du Front Populaire. Mais à la veille de la défaite de 1940, on observa qu'il se marginalisait progressivement. Ce fut dans ce contexte qu'il choisit son camp après la défaite. L'Allemagne nationale et socialiste serait sa référence, le parti unique autoritaire son credo, la collaboration active et « la protection de la race », les conséquences des choix précédents. En créant le Rassemblement National Populaire (le RNP) en 1941, Marcel Déat se dota de l'outil politique nécessaire pour porter ses idées fascisantes. Aveuglé par la propagande, proche de Laval, prisonnier de ses choix initiaux, Marcel Déat fit partie du gouvernement fantoche de Sigmaringen. Condamné à mort par contumace, il mourut en Italie.

(Ve République)

Debré Bernard
(1944 – 2020)

Bernard Debré était à la fois le fils de l'ancien Premier ministre Michel Debré, et le frère de Jean-Louis Debré, ancien ministre de l'Intérieur et ancien président du conseil constitutionnel. Avant d'entamer une carrière politique, Bernard Debré avait fait une grande carrière comme professeur des universités, praticien hospitalier, chef du service d'urologie à l'hôpital Cochin et membre de la Société française de chirurgie et des sociétés internationales d'urologie. À partir des années 1990, Bernard Debré entama une carrière politique. Il devint ainsi maire d'Amboise entre 1992 et 2001, vice-président du conseil général d'Indre-et-Loire et député d'Indre-et-Loire, entre 1986 et 1994, inscrit au groupe du RPR. Ce fut à cette époque qu'il devint brièvement ministre de la Coopération du gouvernement Édouard Balladur (entre 1994 et 1995). Entre 2004 et 2017, il fut encore élu député de la 15e circonscription de Paris. dans l'ouest parisien et fit diverses tentatives pour devenir maire de Paris, sans succès. Il soutint François Fillon pour la primaire présidentielle des Républicains de 2016. Dans l'entre-deux-tours de l'élection présidentielle de 2017 qui opposa la nationaliste Marine le Pen à Emmanuel Macron, il soutint le candidat « d'En marche ». Bernard Debré, forte personnalité, décéda des suites d'un cancer

(Ve République)

Debré Michel
(1912 – 1996)

Docteur en droit et diplômé de Sciences Po, Michel Debré fut d'abord adjoint au délégué en France du gouvernement de Londres puis d'Alger. Devenu sénateur en 1948 il le resta jusqu'en 1958, se consacrant dès 1946 au retour du général de Gaulle. Dans son journal « *Le Courrier de la colère* » il mena de virulentes campagnes contre les gouvernements de la IVe République, mais se montra également un défenseur de la présence française en Algérie. Garde des Sceaux entre 1958 et 1959 dans le Ier gouvernement de la Ve République, il prit une part majeure à l'écriture de la Constitution de celle-ci. Premier ministre à partir de janvier 1959, il céda, en avril 1962, la place à Georges Pompidou. Élu, en mai 1963, député de la Réunion, il revint au gouvernement avec les portefeuilles de l'Économie et des Finances, entre 1966 et 1968, puis des Affaires étrangères et de la Défense nationale, entre 1969 et 1973. À l'Assemblée nationale, où il siégea de 1973 à 1988, Michel Debré dénonça inlassablement les dangers de l'inflation et de la dénatalité. En 1979, il s'opposa vigoureusement au danger de dérapage supranational qu'il voyait poindre dans l'élection au suffrage universel du Parlement européen. Très réservé également vis-à-vis de Giscard d'Estaing, il se lança dans l'élection présidentielle de 1981, mais ce fut un échec. Il conserva jusqu'en 1992 son mandat de conseiller général d'Indre-et-Loire.

(Ve République)

Decaux Alain
(1925 – 2016)

Alain Decaux commença ses études secondaires à Lille pour les terminer à Paris au lycée Janson-de-Sailly. Diplômé de droit à la faculté de Paris, il publia ses premiers articles d'histoire à partir de 1946 Vulgarisateur et conteur hors pair, il créa à la RTF, en 1951 (avec notamment l'aide d'André Castelot, un historien belge) « *La Tribune de l'Histoire* », une émission hebdomadaire qui fut diffusée sans interruption jusqu'en 1997, notamment sut France-Inter. En 1957, il créa (avec Stellio Lorenzi et André Castelot) « *La caméra explore le temps* » à la Télévision française. Cette émission (une quarantaine d'épisodes qui se poursuivit jusqu'en 1966). De 1969 à 1987, il créa une nouvelle émission « *Alain Decaux raconte...* », émission devenue « *Alain Decaux face à l'Histoire* » où, chaque mois, seul à l'image pendant une heure, il traitait d'un personnage ou d'un événement de l'Histoire. Parallèlement, il poursuivit la publication de ses ouvrages (une cinquantaine en tout). Il fit représenter plusieurs pièces de théâtre et collabora à des films ainsi qu'à des disques – toujours sur des thèmes historiques. De juin 1988 à mai 1991, il fut ministre délégué, chargé de la « Francophonie ». De 1991 à 2000, il présida l'Association française d'action artistique. De 1998 à 2009, il présida le Collège des conservateurs du domaine de Chantilly. Élu à l'Académie française, en février 1979.

(IVe République)

Defferre Gaston
(1910 – 1986)

Adhérant rapidement à la SFIO Gaston Defferre mena d'abord une carrière d'avocat. Son engagement dans la Résistance fut significatif. À la libération, il prit un temps le contrôle de Marseille tout en assurant la direction de la fédération SFIO des Bouches-du-Rhône. En 1953, il devint maire grâce à une coalition de libéraux-conservateurs qui voyaient en lui le meilleur rempart contre le communisme. Defferre mena alors une carrière politique nationale. Délégué à l'Assemblée consultative provisoire à la Libération, il siégea comme député dans les deux Assemblées constituantes, en 1945-1946. Député socialiste des Bouches-du-Rhône, il fut constamment réélu jusqu'à sa mort, sauf en 1958 où la vague gaulliste l'obligea à siéger au Sénat. Sous la IVe, il fut successivement secrétaire d'État à la Présidence du Conseil dans le gouvernement Gouin, puis sous-secrétaire d'État à la France d'outre-mer dans le cabinet Blum, ministre de la Marine marchande dans les cabinets Pleven et Queuille (1950 et 1951), et enfin ministre de la France d'outre-mer dans le gouvernement dirigé par Guy Mollet. Grande figure de la vie parlementaire, il présida de 1962 à 1981, le groupe FGDS, puis socialiste, de l'Assemblée nationale. Après la victoire de Mitterrand en 1981, il redevint ministre de l'Intérieur et de la Décentralisation, avant d'être chargé du Plan et de l'Aménagement du territoire.

(Guerre d'Algérie)

Delbecque Léon
(1919 – 1991)

Léon Delbecque, fils d'ouvrier, devint directeur de l'usine textile dans laquelle il était entré comme contremaître. Résistant, il assuma des responsabilités au RPF après la Libération. En janvier 1958, il devint chargé de mission de la Défense nationale à Alger afin d'y implanter un bureau semi-officiel pour faciliter le retour au pouvoir du général de Gaulle. Vice-président du Comité de Salut Public créé à Alger, le 13 mai 1958, Delbecque fut celui qui, deux jours plus tard, invita le général Salan qui terminait son discours sur le forum d'Alger par « *Vive l'Algérie française !* » à rajouter « *Vive le général de Gaulle!* ». Par la suite, comme député du Nord, il devint, en janvier 1959, président de la Commission des Affaires culturelles, familiales et sociales de l'Assemblée nationale. Mais proche de Jacques Soustelle, Delbecque s'opposa comme bien d'autres à l'indépendance de l'Algérie et anima un certain nombre de mouvements pro Algérie française, dont le comité de Vincennes de Georges Bidault. En 1959, il rompit avec l'UNR, s'apparentant à l'Assemblée nationale au groupe « Unité de la République », qui réunissait les députés algériens renommés en 1960 « Regroupement national pour l'unité de la République ». En mai 1962, il témoigna au procès du générale Salan au sujet notamment de l'existence de polices parallèles. Battu aux élections législatives de 1962, Delbecque s'éloigna alors de la vie politique.

(IIIe République)

Delcassé Théophile
(1852 – 1923)

D'abord journaliste, Théophile Delcassé fut élu député de l'Ariège en 1889. Nommé sous-secrétaire d'État aux Colonies en 1893, puis ministre des Colonies, il demeura sept ans (de 1894 à 1905) ministre des Affaires étrangères, un record de longévité sous la Troisième. Il fut un partisan acharné d'alliances privilégiées pour s'opposer à la puissance montante allemande. Pour ce faire, il développa une alliance franco-russe et créa les conditions d'un rapprochement avec l'Angleterre. L'imbroglio de Fachoda en 1898 ralentit un peu le processus. Mais la ténacité de Delcassé finit par triompher des méfiances réciproques. Cela se traduisit, en 1904, par « l'Entente cordiale ». L'Allemagne s'inquiéta alors de la politique étrangère de la France et se fit menaçante. Il opposa ainsi la « Triple-Entente » à la « Triple Alliance » dont il détacha partiellement l'Italie. Opposé à la réunion en 1906 d'une conférence à Algésiras demandée par l'empereur d'Allemagne Guillaume II pour régler la question marocaine, de nombreux responsables politiques l'accusèrent d'imprudence. Delcassé fut alors désavoué par le président du Conseil et dut démissionner en juin 1905. Nommé ministre de la marine en 1911, il dut, de nouveau, faire face à un incident diplomatique (Agadir). Il termina sa carrière comme ministre des Affaires étrangères en 1914-1915.

(Ve République)

Delebarre Michel
(1946 – 2022)

Diplômé d'études supérieures en géographie, Michel Delebarre fut d'abord directeur de cabinet successivement à la ville de Lille, au conseil régional du Nord-Pas-de-Calais puis à Matignon auprès du Premier ministre Pierre Mauroy, entre 1982 et 1984. À cette date, il fut nommé pour la première fois ministre au sein du gouvernement Fabius. Ce fut lui qui, en 1990, inaugura le premier ministère de la Ville, dans le gouvernement de Michel Rocard. Par la suite, il fut ministre d'État, ministre du Travail, ministre des Affaires sociales, ministre de l'Équipement, ministre des Transports, ministre de la Fonction Publique et de nouveau ministre de la Ville sous divers gouvernements socialistes entre 1984 et 1993. Maire également de Dunkerque de 1989 à 2014, il fut député une douzaine d'années, et président du conseil régional du Nord-Pas-de-Calais de 1998 à 2001. Il a également eu des responsabilités au sein de l'UE, en tant que président du Comité des régions, organe consultatif regroupant les collectivités territoriales de l'Union européenne, entre 2006 et 2008. Michel Delebarre fut mis en examen en janvier 1997 dans « *l'affaire des écoutes de l'Élysée* », en tant que directeur de cabinet de Pierre Mauroy et à ce titre responsable du groupement interministériel de contrôle (GIC), chargé des «interceptions de sécurité». À ce titre, il fut condamné en 2005 mais dispensé de peine.

(Résistance Intérieure)

Delestraint Charles
(1879 – 1945)

Saint-Cyrien, Charles Delestraint fut toute sa vie un brillant militaire avant d'être un résistant valeureux. Il s'illustra durant la Ière guerre mondiale (Croix de Guerre avec palmes). Recevant en 1940, le commandement des chars de combat de la VIIe Armée, il s'illustra par son courage. À l'été 1942, sur l'avis d'Henri Frenay, Jean Moulin proposa son nom au général de Gaulle pour organiser l'Armée secrète (AS) en zone sud en fusionnant les groupes paramilitaires des mouvements « Combat », « Libération » et « Franc-Tireur ». En novembre 1942, devenu chef de l'Armée secrète sous le pseudo de « Vidal », il collabora avec Jean Moulin pour organiser la résistance intérieure. Delestraint fut chargé par de Gaulle d'étendre la structure de l'Armée secrète en zone nord. Parachuté en France, il fut promu général de corps d'armée par le général de Gaulle. En juin 1943, alors qu'il avait rendez-vous avec René Hardy, « Vidal » fut arrêté par la gestapo, douze jours avant l'arrestation spectaculaire de Jean Moulin. Après une instruction de neuf mois, il fut envoyé en Alsace, et devint un déporté devant disparaître dans la tristement célèbre procédure « nuit et brouillard ». En avril 1945, dix jours seulement avant l'arrivée des Américains, « Vidal » fut abattu d'une balle dans la nuque avant d'être incinéré au crématoire de Dachau.

(Ve République)

Delors Jacques
(1925 – 2023)

Né à Paris, Jacques Delors mena de front ses études, une activité professionnelle (d'abord à la Banque de France) et un engagement dans le syndicalisme chrétien (CFTC, Reconstruction). En 1969, il rejoignit le cabinet de Jacques Chaban-Delmas, puis adhéra au Parti socialiste en 1974. De 1979 à 1989, Delors connut une première carrière européenne, présidant la Commission économique et monétaire du Parlement européen. En 1981, après l'élection de François Mitterrand, il devint ministre des Finances. De 1985 à 1994, il fut élu président de la Commission européenne : une période marquée par le "Livre Blanc" de 1985, visant à achever le marché intérieur avant 1992, et par la proposition d'une Union économique et monétaire (UEM) en 1989. À la tête de l'Europe, Jacques Delors a permis la mise en place des grands fondamentaux du rapprochement des nations : traité de Maastricht, signature des accords de Schengen, Acte unique européen, lancement du programme Erasmus, réforme de la politique agricole commune, mise en chantier de l'Union économique et monétaire permettant la création de l'euro... Meilleur candidat de la gauche à l'élection présidentielle de 1995, Jacques Delors finalement renonça à se présenter, bien qu'il était le mieux placé dans les sondages pour battre Jacques Chirac, en raison d'une crainte d'absence de majorité pour gouverner.

(Ve République)

Deniau Jean-François
(1928 – 2007)

Jean-François Deniau mena de brillantes études. Deux fois lauréat du Concours général, il fut diplômé à la fois d'un DES d'économie politique, d'une licence ès lettres (ethnologie et sociologie), et de Sciences Po. Il partit en 1949 pour l'Indochine où il servit dans une unité de partisans montagnards et passa l'écrit de l'ENA à Saïgon. Très tôt il s'intéressa à l'Europe. Chargé de mission en 1955 au secrétariat général du Comité interministériel auprès du président du Conseil, il fut l'un des responsables du traité de Rome fondant la Communauté européenne. Membre de la Commission européenne à Bruxelles, chargé de l'aide au développement, puis des relations extérieures, il créa les principaux mécanismes d'aide en faveur des pays associés du tiers-monde. D'abord nommé ambassadeur en Mauritanie, puis ambassadeur auprès du roi d'Espagne en 1976 pour la période de la transition démocratique, il fut par la suite, sous les présidences Pompidou et Giscard, six fois ministre de 1973 à 1980, notamment à la Coopération, aux Affaires européennes et au Commerce extérieur. Élu député du Cher en 1978 et président du conseil général en 1980. Son autre passion était l'écriture. Il obtint en 1990 le grand prix Paul Morand de l'Académie française. Il fut membre de l'Académie de marine avant d'être élu à l'Académie française, en avril 1992, au fauteuil de Jacques Soustelle.

(IIIe République)

Déroulède Paul
(1846 – 1914)

Paul Déroulède fut à la fois un poète exalté et un homme politique au nationalisme intransigeant. Toute sa vie, il fut dominé par l'idée de revanche sur l'Allemagne. Fondateur de la Ligue des patriotes en 1882, il fut élu député en 1889. Partisan d'une République pure et dure, il soutint un temps l'action brouillonne du général Boulanger, dénonça les scandales de la République notamment celui de Panama, ce qui lui valut un duel célèbre avec Georges Clemenceau. En février 1899, il profita de la fin des obsèques du Président Félix Faure pour tenter de faire marcher sur l'Élysée les militaires qui avaient accompagné la dépouille du défunt. Cette tentative fut jugée tellement puérile que Déroulède fut acquitté trois mois plus tard. Mais cet homme exalté insista et prononça trois discours en juillet 1899 annonçant un prochain coup de force. Le pouvoir inquiet à cette époque de la montée en puissance de divers mouvements nationalistes et antidreyfusards, dont le « Parti national » tenu par Déroulède, l'arrêta une seconde fois, en septembre et le fit traduire devant la Haute-Cour. Condamné en janvier 1900 à dix ans de bannissement, Paul Déroulède ne revint en France qu'après l'amnistie politique de 1905 où il ne joua plus de rôle significatif. Il mourut en 1914, à la veille du conflit qu'il avait attendu toute sa vie

(IIIe République)

Deschanel Paul
(1855 – 1922)

Après une formation universitaire en lettres et en droit Paul Deschanel devint collaborateur du ministre Émile de Marcère et du président du Conseil Jules Simon. Élu député, il fut rapidement considéré comme l'un des grands orateurs de la Troisième République. Figure des républicains modérés, partisan d'une troisième voie entre libéralisme économique et socialisme, il fut élu à la surprise générale président de la Chambre, en 1898, face au sortant Henri Brisson. Par la suite, toujours aisément réélu avec plus de 70 % des suffrages, il siégea à la Chambre des députés jusqu'en 1920. Lors de la réunion préparatoire en vue de l'élection présidentielle de janvier 1920, il tint en échec le légitime favori du scrutin, Georges Clemenceau. Il fut même élu avec le plus grand nombre de voix jamais obtenu pour ce type d'élection sous la Troisième République. Mais, victime d'un état anxio-dépressif et du syndrome d'Elpénor (il restait ensommeillé post son réveil), il fit une chute de train nocturne en mai 1920. Sept mois après son investiture, alors que sa santé ne s'améliorait pas et qu'il faisait l'objet de rumeurs (infondées) de folie, il démissionna de sa fonction. Sorti d'une brève période de convalescence, il fut élu sénateur d'Eure-et-Loir au début de l'année 1921, puis président de la commission des Affaires étrangères du Sénat l'année suivante. Il mourut quelques mois plus tard, d'une pleurésie.

(Résistance extérieure)

Dewavrin André
(1911 – 1998)

Polytechnicien, Normale-Sup, André Dewavrin enseigna, en 1938, à Saint-Cyr. En mai 1940, il participa à la campagne de Norvège. Sous les ordres du général Béthouart, il commanda le génie du corps expéditionnaire. Puis, avec le déclenchement de la bataille de France, il débarqua à Brest le 17 juin, avant de rembarquer aussitôt avec l'ensemble de sa division pour l'Angleterre, répondant ainsi à l'appel du général de Gaulle. Nommé à la tête du 2e Bureau, sous le pseudo de « colonel Passy », il dirigea, en 1942, le Bureau central de renseignements et d'action (BCRA) de la France libre. Parachuté en France en février 1943, il rationalisa la collecte des renseignements tandis que Pierre Brossolette se chargeait des contacts politiques. Par la suite, chef d'état-major du général Koenig en 1944, pour diriger les FFI de Bretagne, il fut placé à la tête, en mai 1945, de la Direction générale des études et recherches (DGER), qui devint par la suite le Service de Documentation extérieure du contre-espionnage (SDECE) jusqu'en janvier 1946. À cette date, les communistes menèrent une violente campagne de presse contre lui, l'accusant d'avoir détourné des fonds durant la guerre pour financer le mouvement gaulliste. Il fut arrêté en mai 1946 et fit quatre mois de prison préventive. Mais les poursuites judiciaires furent finalement abandonnées. Il termina sa carrière dans le privé.

(IVe République)

Diethelm André
(1896 – 1954)

Après de brillantes études, André Diethelm devint inspecteur général des Finances. Durant la Première Guerre mondiale, il combattit sur le front de l'Est et en Grèce. Plus tard, il s'occupa des finances de l'Indochine, avant de devenir directeur de cabinet de Georges Mandel, de 1938 à 1940. Ralliant la France libre, il fut nommé par le général de Gaulle commissaire au Travail et à l'Information, puis aux Finances. Entre 1941 et 1943, de Gaulle le nomma à l'Économie et à la Marine marchande dans le Comité national français. Il fut également le premier directeur de la Caisse centrale de la France Libre. Dans le gouvernement d'Alger, il fut commissaire à la Production et au Commerce. À l'installation du gouvernement provisoire, début septembre 1944, il fut ministre de la Guerre dans le premier gouvernement gaulliste jusqu'à novembre 1945. Élu à la Première Assemblée nationale constituante, il siégea ensuite au Conseil de la République de 1948 à 1951. Par la suite, il fut réélu député de Seine-et-Oise en 1951. Il succéda ensuite à Jacques Soustelle pour diriger le groupe du Rassemblement du peuple français (RPF) à l'Assemblée nationale. Il présida enfin le groupe de l'Union des républicains d'action sociale (URAS). Mais la maladie le contraignit à abandonner cette charge, qui fut reprise par Jacques Chaban-Delmas.

(Vichy)

Doriot Jacques
(1898 – 1945)

Étrange parcours que celui de Jacques Doriot. Membre dès 1922 du Praesidium du comité exécutif de l'Internationale communiste, il devint secrétaire de la Fédération française des Jeunesses communistes en 1923. Pourtant, en l'espace de dix ans, de 1925 à 1934, année de son exclusion du parti, il passa du rôle de leader communiste à celui d'un parti fasciste : le Parti Populaire français (PPF) d'inspiration nationale communiste, entièrement tournée vers la victoire des nazis allemands. Il dirigea alors le journal collaborationniste *« Le Cri du Peuple »,* et s'engagea, en 1942, dans la Légion des Volontaires Français (LVF), combattant sous l'uniforme allemand sur le front de l'est. De 1940 à 1944, il fit évoluer le PPF (100 000 adhérents au plus haut dont 15 000 militants réellement actifs) comme un véritable parti fasciste français. Si l'on peut expliquer une partie de son revirement politique par la déception de ne pas avoir réussi à devenir le leader communiste français, son engagement ultérieur semble avoir pris sa source dans une volonté effrénée d'obtenir le pouvoir à tout prix. Il mourut anonymement, mitraillé par un avion allié, sur une route d'Allemagne, alors qu'il avait rendez-vous avec Marcel Déat, dans le cadre de la mise en place d'un ultime et dérisoire « Comité de libération française » à Sigmaringen.

(IIIe République)

Doumergue Gaston
(1863 – 1937)

Après des études de droit, couronnées par un doctorat, Gaston Doumergue devint, en 1885, avocat au barreau de Nîmes. Après avoir exercé à Alger, il revint en France et commença une carrière politique sous l'étiquette radicale. De 1902 à 1908, il fut plusieurs fois ministre (des colonies, du commerce et de l'Instruction Publique). En décembre 1913, le président Poincaré le nomma Président du Conseil et ministre des Affaires étrangères avant de retrouver le ministère des colonies, qu'il conserva jusqu'en 1917. Plus tard, il fut élu à la présidence du Sénat en 1923. Pour terminer sa longue carrière politique, Doumergue fut enfin élu Président de la République, en 1924, à 61 ans. Après l'échec du « cartel des gauches », il appela Raymond Poincaré à la présidence du Conseil, en juillet 1926, puis Tardieu en 1930. À la fin de son mandat, en 1931, Gaston Doumergue se retira de la vie politique. Mais en février 1934, alors que les ligues d'extrême droite occasionnaient de nombreux troubles politiques à l'ordre public, il accepta de reprendre le poste de président du Conseil, et forma un gouvernement d'union nationale (dans lequel siégeait le maréchal Pétain). Cependant, sa santé défaillante et l'assassinat, par des terroristes croates, à Marseille de son ami Louis Barthou l'affectèrent tant qu'il démissionna dès novembre 1934.

(Affaire Dreyfus)

Dreyfus Alfred
(1859 – 1935)

Suite à l'annexion de l'Alsace-Lorraine, Alfred Dreyfus, dont la famille juive était d'origine alsacienne, décida de s'engager dans l'armée française. En avril 1890, devenu capitaine, il fut admis à l'École Supérieure de guerre puis intégra l'État-major de l'armée en 1892. En octobre 1894, il fut arrêté sur place. On l'accusait alors d'être l'auteur d'un document sensible destiné à l'ambassade d'Allemagne. Son procès s'ouvrit en décembre 1894. Victime de l'antisémitisme de l'état-major, il fut condamné à la déportation perpétuelle en Guyane Sa dégradation publique eut lieu début janvier 1895. Par la suite, un nouveau document fut intercepté et permit d'identifier le commandant Esterhazy comme étant le vrai coupable. Mais le commandement militaire ne voulut pas se renier et acquitta Esterhazy. En 1898, Émile Zola publia une lettre adressée au président de la République démontrant que Dreyfus était innocent. Cette affaire devint alors publique et divisa l'opinion en dreyfusards et antidreyfusards. Un second procès eut lieu, en août 1899, qui confirma la culpabilité de Dreyfus malgré l'évidence des fausses preuves rédigées par le colonel Henry. En juillet 1906, la Cour de cassation cassa finalement le jugement. Alfred Dreyfus fut alors innocenté et réintégra l'armée. Admis à la retraite en octobre 1907, il fut mobilisé pendant la Grande Guerre.

(Ve République)

Druon Maurice
(1918 – 2009)

Maurice Druon fut d'abord officier de cavalerie. Évadé de France en 1942, il traversa clandestinement l'Espagne et le Portugal pour s'engager dans les rangs de la France libre, à Londres. Aide de camp du général d'Astier de la Vigerie, puis attaché au poste « Honneur et Patrie », il composa, avec son oncle Joseph Kessel, les paroles du « chant des Partisans » en 1943. Chargé de mission pour le commissariat à l'Intérieur et à l'Information, il fut correspondant de guerre auprès des armées françaises et alliées jusqu'à la fin des hostilités. À partir de 1946, il se consacra à une carrière littéraire qui fut brillante. Il reçut le prix Goncourt dès 1948 pour son roman « Les Grandes Familles », et le prix Prince Pierre de Monaco pour l'ensemble de son œuvre, auxquels s'ajoutèrent, en 1998, le prix Saint-Simon, et, en 2000, le Prix Agrippa d'Aubigné. Maurice Druon eut également une carrière politique. Ainsi, fut-il ministre des Affaires culturelles entre 1973 et 1974), puis député de Paris entre 1978 et 1981. Par la suite, il fut député à l'Assemblée des Communautés européennes entre 1979 et 1980. Maurice Druon fut élu en décembre 1966, en remplacement de Georges Duhamel, au 30e fauteuil de l'Académie française. Élu secrétaire perpétuel en novembre 1985, il démissionna de cette fonction en octobre 1999. Il devint dès lors Secrétaire perpétuel honoraire à partir du 1er janvier 2000.

(IVe République)

Duclos Jacques
(1896 – 1975)

D'extraction modeste, Jacques Duclos adhéra au Parti communiste fondé au lendemain du Congrès de Tours de 1920. Membre du comité central en 1926, puis membre du bureau politique et secrétaire du parti en 1931, il devint, en 1935, membre du comité exécutif de l'Internationale communiste. Député de Paris dès 1926, il fut vice-président de la Chambre du Front populaire. Sous l'Occupation, il fut l'un des organisateurs de l'action clandestine du Parti, et sa tête fut mise à prix par les Allemands. Sous la « Quatrième » il fut réélu député à toutes les consultations et présida à l'Assemblée le groupe parlementaire communiste mais ne fut jamais ministre. En mai 1952, il fut arrêté brièvement au moment des manifestations organisées par la CGT et le PCF contre la venue à Paris du général Ridgway. Duclos perdit son siège en novembre 1958, mais entra au Sénat dès avril 1959 où il présida, jusqu'à sa mort, le groupe communiste. Candidat du Parti à la présidence de la République en 1969, il recueillit 4,8 millions de voix. Excellent orateur, auteur d'une vingtaine d'ouvrages, parmi lesquels plusieurs tomes de Mémoires, son histoire s'est longtemps confondue avec celle du parti. Il reçut en octobre 1971, à l'occasion de son soixante-quinzième anniversaire, l'ordre de Lénine « pour les grands services rendus au mouvement communiste et ouvrier international ».

(IIIe République)

Dufaure Jules-Armand
(1798 - 1881)

Jules-Armand Dufaure, homme public de nos jours oublié, fit trois carrières bien distinctes. Juriste de formation, il fut d'abord avocat sous Louis XVIII et Charles X. Dufaure s'intéressa ensuite à la politique et commença une première carrière politique en étant élu député, de 1834 jusqu'en 1851. Remarqué par Louis-Philippe pour ses qualités d'orateur et la clarté de son propos, le roi le nomma ministre des Travaux publics. À la chute de Louis-Philippe, il rebondit en devenant ministre de l'Intérieur, d'abord sous la présidence provisoire du général Cavaignac puis sous celle de L-N Bonaparte après l'élection de ce dernier à la présidence de la République. Opposé au Second Empire, il reprit une carrière de juriste et devint membre du Conseil de l'Ordre puis bâtonnier. Après la chute de l'Empire, en 1871, Dufaure fit une seconde carrière politique et redevint député. Au début de la Troisième République, il occupa enfin les plus hauts postes. Nommé ministre de la Justice et vice-président du Conseil, de février 1871 à mai 1873, il fut encore ministre de la Justice en 1875. Dufaure devint enfin président du Conseil, de mars à décembre 1876, puis de nouveau en décembre 1877. Après la mort de Thiers, Dufaure devint le chef de l'aile modérée du bloc des gauches qui obligea Mac-Mahon, alors président de la République, à « se soumettre ».

(Ve République)

Duhamel Jacques
(1924 – 1977)

Diplômé de Sciences-Po Paris, Jacques Duhamel sortit de l'ENA maître des requêtes au Conseil d'État. Alors proche d'Edgar Faure, il travailla à son service pendant sept ans, en particulier comme directeur du cabinet au ministère des Finances. Il exerça par la suite les fonctions de directeur général du Centre national du commerce extérieur, puis se lança en politique. Élu député dans le Jura dans les années 60, sous le sigle du parti « Progrès et démocratie moderne » (centriste) qu'il présida et rebaptisa en 1969 « Centre démocratie et progrès » (CDP). Rallié au candidat Georges Pompidou contre le centriste Alain Poher à l'élection présidentielle de 1969, il devint son ministre de l'Agriculture dans le gouvernement Jacques Chaban-Delmas, puis ministre des Affaires culturelles, dans ceux de Chaban-Delmas et de Pierre Mesmer. Adoptant le thème social-démocrate de la « Nouvelle société » de Chaban-Delmas, Jacques Duhamel mena alors une politique visant à insérer la culture dans la vie quotidienne. Il mit notamment en place des procédures contractuelles entre l'État et les institutions culturelles (télévision, industrie cinématographique, compagnies dramatiques décentralisées). Maire de Dole à partir de 1968, il démissionna pour des raisons de santé en 1976. Il mourut jeune, des suites d'une maladie dégénérative du cervelet

(Ve République)

Dumas Roland
(1922 – 2024)

Fils d'un résistant fusillé en 1944 par les nazis, Roland Dumas s'était engagé dans la Résistance, y gagnant la Croix de guerre. Diplômé de Sciences-Po, il choisit d'abord le journalisme puis le barreau. Auteur de célèbres plaidoiries contre Jacques Foccart, le « Monsieur Afrique » du général de Gaulle, ou pour le « Canard enchaîné » dans l'affaire des « diamants de Bokassa », il s'était lancé en politique dans les années 50. Élu député de Haute-Vienne en 1956 puis en 1967 en Corrèze dans les rangs de petits partis de centre gauche, il rejoignit par la suite le PS. Élu député de la Dordogne dans les années 1980, il n'avait cependant pas l'âme d'un parlementaire, se plaisant plutôt au rôle d'homme d'influence. Sous les septennats de Mitterrand, il fut son ministre des Affaires étrangères à deux reprises, entre 1984 et 1986, puis entre 1988 et 1993. Proche de Mitterrand depuis les années 50, l'ayant défendu dans l'affaire du faux « attentat de l'Observatoire » en 1959, il fut chargé de missions spécifiques en Afrique, en Libye et au Moyen-Orient. Roland Dumas quitta la politique en 2000 après qu'il eut démissionné du Conseil constitutionnel, qu'il présidait depuis 1995. Il avait été en effet cité dans l'affaire dite des « frégates de Taïwan » et dans l'affaire Elf. Il était réapparu à la rubrique judiciaire lorsqu'il fut condamné dans l'affaire de la succession du sculpteur Giacometti dont il était l'exécuteur testamentaire.

(IIIe République)

Dupuis Charles
(1851 - 1923)

Normalien, agrégé de philosophie, député républicain modéré en 1885, Charles Dupuy devint ministre de l'Instruction publique, des Beaux-Arts et des Cultes en 1892. Il fut président du Conseil un an plus tard et dut faire face aux troubles sociaux dans le Midi (grèves de Carmaux) et dans le Nord. Président de la Chambre des députés lorsque l'anarchiste Auguste Vaillant y lança une bombe, il déclara : « *Messieurs, la séance continue...* ». Il défendit ensuite l'adoption des « lois scélérates » qui assimilaient les anarchistes à des malfaiteurs et accentuaient les délits de presse. En 1894, de nouveau chargé de la présidence du Conseil, il géra le discrédit qui frappa la classe politique après la crise de Panama. Lors de l'affaire Dreyfus, en 1898, il retrouva la direction du gouvernement, s'opposa à toute révision du procès pour regagner la confiance de l'armée et affirmer ainsi la raison d'État. Mais en juin 1899, la Cour de cassation imposa cette révision. Il ne put contenir l'agitation croissante des ligues d'extrême droite. Quand le baron Cristiani agressa le président Loubet au champ de courses d'Auteuil, Dupuy fut accusé de complicité passive car les policiers n'intervinrent que mollement. Son gouvernement fut alors mis en minorité et Dupuy dut démissionna. Il devint alors sénateur, en 1900, siège qu'il occupa jusqu'à sa mort.

(Ve République)

Durafour Michel
(1920 - 2017)

Diplômé de Sciences-Po, Michel Durafour devint d'abord maire de Saint-Étienne en 1965 et le resta jusqu'en 1977. Il fut également sénateur de 1965 à 1967, puis député de 1967 à 1981, de nouveau sénateur de la Loire entre 1983 à 1988 et brièvement président du conseil régional de Rhône-Alpes de 1980 à 1981. Il fut d'abord membre du Parti républicain, radical et radical-socialiste puis du Parti radical valoisien. En 1974, il devint notamment ministre du Travail du premier gouvernement de Jacques Chirac sous la présidence de Valéry Giscard d'Estaing. Deux ans plus tard, avec l'arrivée de Raymond Barre à Matignon, il prit en charge le ministère délégué à l'Économie et aux Finances, qu'il conserva pendant moins d'une année. Il se rapprocha ensuite, en 1988, de la gauche en entrant au gouvernement de Michel Rocard, comme ministre de la Fonction publique et des Réformes administratives, devenant ainsi une personnalité symbolique de l'ouverture. En 1988, ayant lancé un appel public à « exterminer » le Front national il fut la cible d'un dérapage oral antisémite (« *Durafour crématoire* ») de Jean Marie le Pen. Lors de l'élection présidentielle de 2007, il reprit des activités politiques en prenant la tête du comité de soutien de Ségolène Royal dans la Loire. Il publia, également, de nombreux romans policiers et d'espionnage.

(Résistance extérieure)

Éboué Félix
(1884 - 1944)

Félix Éboué était Guyanais. Bon élève, il obtint une bourse pour poursuivre ses études secondaires à Bordeaux puis à Paris, à la faculté de droit et à l'École coloniale. En 1910, il fut nommé administrateur des colonies à Madagascar, puis en Oubangui-Chari (depuis République centrafricaine), où il se fit apprécier par son humanisme, sa volonté de se rapprocher de la population et de s'imprégner des coutumes locales. Secrétaire général de la Martinique, il devint gouverneur de la Guadeloupe en 1936. La nomination d'un « afro-descendant » à un tel poste fut une grande première. En 1938, il devint gouverneur du Tchad. Franc-maçon, il était alors membre de la SFIO. Mais dès le 18 juin 1940, après avoir entendu l'appel à la résistance lancé par de Gaulle, il prit le parti de la France libre contre le gouvernement de Vichy et annonça, fin août, le ralliement du Tchad au général de Gaulle. Sous l'impulsion d'Éboué qui constitua une armée de 40 000 hommes à Brazzaville, l'ensemble de l'Afrique équatoriale française devint la base des opérations militaires de libération. C'est de là, notamment, qu'opérèrent les généraux Leclerc et Kœnig. Parti se reposer en Égypte, après avoir séjourné en Syrie, Félix Éboué mourut d'une congestion cérébrale, au Caire en mai 1944. Ses cendres furent alors transférées au Panthéon, en 1949.

(Ve République)

Emmanuelli Henri
(1945 - 2017)

Diplômé de Sciences-Po Paris, cadre de banque, notamment à la banque Rothschild, Henri Emmanuelli prit sa carte au parti socialiste en 1971 et entra en politique en 1978. Député des Landes en 1978, il fut élu en 1982 Président du Conseil général des Landes. Ce fut à cette période qu'il accéda à une carrière gouvernementale, systématiquement comme Secrétaire d'état, notamment au budget. Président de la commission des finances en 1991, il présida l'Assemblée nationale de janvier 1992 à avril 1993. Il fut également Premier secrétaire du parti socialiste entre 1994 et 1995. Mais il fut battu à la primaire présidentielle socialiste de 1995 face à Lionel Jospin, qui l'emporta avec 66% des voix. Inculpé en 1992 dans l'affaire Urba en tant que trésorier du parti, il fut condamné pour complicité de trafic d'influence, en décembre 1997, à dix-huit mois de prison avec sursis et à deux ans de privation de ses droits civiques. Également mis en examen en octobre 1998 dans le cadre de l'affaire Destrade de financement illégal du Parti socialiste, il fut cette fois-ci relaxé. Mitterrandien de toujours, très hostile aux tendances sociales libérales dont l'influence grandissait chez les socialistes européens et français, il se plaça à compter du congrès de Grenoble en 2000 dans l'opposition interne. Il plaida alors, sans relâche, pour un PS clairement ancré à gauche.

(Affaire Dreyfus)

Esterhazy Ferdinand
(1947 - 1923)

Ferdinand Esterhazy était un officier français en charge des renseignements sur les troupes ennemies. C'était un homme tuberculeux, mythomane et envieux. Endetté, il proposa, en 1894, ses services à l'ambassade d'Allemagne qui accepta. Plus tard, son activité fut découverte, mais le commandant Henry avait fait porter, entre-temps, les soupçons sur le capitaine Dreyfus, un officier juif. Lorsqu'en 1896, on découvrit qu'Esterhazy était le véritable coupable, la hiérarchie militaire préféra étouffer l'affaire pour des raisons de principe et (ou) d'antisémitisme. Par la suite, Esterhazy se lança lui-même dans une campagne d'opinion en se prétendant victime d'un complot juif. Il créa de faux documents, demanda à être jugé et fut acquitté à l'unanimité, en janvier 1898. Remis en liberté en août 1898, et réformé quelques jours plus tard, après la découverte du « faux Henry », Esterhazy s'exila à Londres. Plus tard, dans une confession publique, il reconnut sa culpabilité en chargeant sa propre hiérarchie. Malgré cet aveu, nié par les autorités militaires, un nouveau procès eut lieu en 1899, sans Esterhazy, qui condamna une seconde fois Dreyfus à dix ans de prison. En 1908, Esterhazy s'installa définitivement en Angleterre, et dissimula son identité sous le nom du comte Jean de Voilemont. Il mourut à 76 ans, sans avoir jamais été condamné.

(Vichy)

Esteva Jean-Pierre
(1880 - 1951)

Jean-Pierre Esteva, enseigne de vaisseau, en 1900, fit la Première Guerre mondiale et participa, notamment, avec honneur à la bataille des Dardanelles. Promu contre-amiral en 1929, il fut directeur de l'aviation maritime, puis sous-chef d'état-major des forces aériennes en 1930 avant de devenir vice-amiral en 1935 et amiral en 1937. En 1940, après l'armistice, Esteva choisit de servir Vichy. En juillet 1940, il fut nommé Résident général de France en Tunisie. En novembre 1942, les Anglo-américains débarquèrent en Afrique du Nord. Débuta alors une série d'atermoiements qui se conclut par une collaboration claire avec les italo-allemands en Tunisie. Dès lors, par fidélité au maréchal Pétain, mais surtout sous la pression des consignes de Pierre Laval, Esteva mit à la disposition de l'aviation allemande plusieurs bases françaises sur le territoire tunisien ainsi que des stocks de carburant. En mai 1943, au moment où les troupes alliées entrèrent à Tunis, Esteva fut rapatrié en France par les Allemands. Il regagna Vichy, où il fut « chaleureusement » accueilli par le maréchal Pétain pour sa fidélité aux ordres reçus. Après la défaite finale allemande, un conseil de guerre le condamna en Afrique du Nord à la peine de mort par contumace. Militairement dégradé par la Haute-Cour, il fut condamné aux travaux forcés à perpétuité. Malade, Esteva fut cependant gracié en août 1950 avant de décéder un an plus tard.

(Ve République)

Fabre Robert
(1915 - 2006)

Pharmacien de profession, Robert Fabre, pur aveyronnais, fut d'abord maire de sa ville natale, Villefranche-de-Rouergue pendant trois décennies à compter de 1953. Lors des élections législatives de 1962, il fut élu pour la première fois député comme radical de gauche et siégea à l'Assemblée nationale jusqu'en 1980. Son grand moment fut lorsqu'il signa en juillet 1972, à l'initiative de François Mitterrand, le célèbre programme commun d'Union de la Gauche, associant également le communiste Georges Marchais. Par opposition, l'aile majoritaire du parti radical (désormais dit « valoisien »), dirigée à l'époque par Jean-Jacques Servan-Schreiber, se rallia de son côté au « Mouvement réformateur », alliance de centre-droit, entraînant la scission du parti. Robert Fabre devint le premier président du Mouvement des radicaux de gauche (MRG), allié du Parti socialiste, qu'il dirigea jusqu'à son remplacement par Michel Crépeau en 1978. À cette date, Robert Fabre accepta une mission sur l'emploi que lui confia le Président de la République Valéry Giscard d'Estaing, Exclu du MRG, Robert Fabre créa ensuite l'éphémère Fédération de la démocratie radicale. Lors de son départ de l'Assemblée nationale, le gouvernement Raymond Barre le nomma Médiateur de la République en septembre 1980. En février 1986, soit sept mois avant l'expiration de son mandat de médiateur, il devint membre du Conseil constitutionnel ou il siégea 9 ans.

(IIIe République)

Fallières Armand
(1841 - 1931)

D'origine modeste et provinciale, Armand Fallières étudia le droit à Paris et devint avocat. Il exerça sa profession dans le Lot mais fut rapidement attiré par la politique. Il devint maire, puis président du Conseil général du Lot-et-Garonne. Député en 1876, il prit la tête de nombreux ministères entre 1880 et 1890. Il fut ainsi ministre des Affaires Étrangères, de l'Intérieur, de la Justice et de l'Instruction Publique où il réforma l'enseignement secondaire avec une plus grande place accordée aux sciences et aux langues étrangères. À compter de 1890, il fut élu sénateur puis président du Sénat en 1899. C'est en 1906, à 65 ans, qu'il devint Président de la République. Bien que souvent caricaturé pour son apparence débonnaire, il tenta de rendre visible sa fonction. Il rechercha des alliés dans le cadre des tensions géopolitiques précédant la « Grande guerre ». En ce sens, il travailla au renforcement de la « Triple-Entente » en rencontrant Édouard VII d'Angleterre et le tsar Nicolas II lors de voyages diplomatiques. Sous sa présidence, ce fut lui également qui mit fin à l'affaire Dreyfus, en 1906 et qui fit entrer les cendres de Zola au Panthéon, en 1908. Il se montra également opposé à la peine de mort en graciant les condamnés. Sollicité pour un second mandat, Armand Fallières refusa : *« La place n'est pas mauvaise, mais il n'y a pas d'avancement »*.

(IVe République)

Faure Edgar
(1908 - 1988)

Élève surdoué, Edgar Faure fit des études de droit lui permettant d'obtenir son diplôme de l'école du Barreau à seulement 21 ans. Rapidement intéressé par la politique, il entra au Parti radical-socialiste dans les années 30. Chef du service législatif du gouvernement provisoire en 1944, il fut également choisi comme procureur général adjoint français lors du procès militaire de Nuremberg, en 1945. Au sein de l'Assemblée nationale, il se fit rapidement remarquer par sa faconde et accéda au poste de secrétaire d'État, puis à celui de ministre du Budget, en 1950. Lors de chaque changement de gouvernement, on faisait appel à lui. Il fut lui-même président du Conseil d'abord pour un mois en 1952 puis pour 11 mois en 1955. Renversé il décida d'utiliser pour la première (et seule) fois la possibilité donnée par la Constitution de la IVe de dissoudre l'Assemblée, ce qui lui valut d'être exclu de son parti. La suite de sa carrière se remit difficilement de ce coup d'éclat. Pourtant, il revint en 1958 quand il profita du retour du général de Gaulle au moment de la crise algérienne s'avérant insoluble pour un régime d'assemblée. Il continua ainsi de faire carrière sous la Ve République. Les fortes capacités intellectuelles d'Edgar Faure se teintaient souvent d'humour. Ainsi, écrivit-il : « *Deux hommes auraient pu éviter la Révolution française : Turgot, mais il était déjà mort, et moi, mais je n'étais pas encore né* ».

(IIIe République)

Faure Félix
(1841 - 1899)

Autodidacte, d'origine ouvrière, Félix Faure créa sa propre société et devint un riche négociant en cuir. Puis il s'intéressa à la vie publique en étant élu maire-adjoint du Havre. Franc maçon, il devint député en 1881 et commença une carrière ministérielle comme sous-secrétaire d'État aux colonies et au commerce puis comme ministre de la Marine. Il fut notamment l'artisan du rapprochement avec la Russie où il se rendit, en 1887, et un fervent défenseur de la politique d'expansion coloniale, notamment en soutenant la conquête de Madagascar. Après la démission en janvier 1895 du Président Jean Casimir-Périer, c'est à lui qu'on pensa pour le remplacer, Mais c'était une fonction purement honorifique sous la IIIe République. De fait, et concernant son action publique, on ne retint finalement que peu de choses sinon qu'il se montra antidreyfusard jusqu'au bout. C'est à lui qu'Émile Zola adressa, le 13 janvier 1898, sa célèbre lettre ouverte « *J'accuse… !* ». Par ailleurs, ce fut sous sa présidence que le gouvernement dut céder aux Anglais le Soudan après le bras de fer de Fachoda. Ce fut finalement sa fin qui le rendit célèbre puisqu'il mourut dans les bras de sa maîtresse. Georges Clemenceau, jamais en reste de bons mots féroces, prononça ceux-ci en guise d'oraison funèbre : « *Il a voulu vivre en César, il est mort en Pompée (…), en retournant au néant, il a dû se sentir chez lui* ».

(Ve République)

Faure Maurice
(1922 - 2014)

Professeur agrégé d'histoire et de géographie, docteur en droit, il commença par enseigner à l'Institut d'études politiques de Toulouse. Élu député radical-socialiste du Lot de 1951 à 1958, il fut d'abord membre de groupes centristes puis député « socialiste et radical de gauche » de 1958 à 1983. Maire de Cahors de 1965 à 1990, il devint secrétaire général du parti radical-socialiste de 1953 à 1955. Au plan national, il fut d'abord Secrétaire d'État aux Affaires étrangères (entre février 1956 et avril 1958), et devint ministre de l'Intérieur dans l'éphémère gouvernement Pflimlin (en mai 1958). Président du parti radical de 1961 à 1965 et de 1969 à 1971, Maurice Faure se montra favorable au regroupement des partis centristes, mais après l'échec de cette tentative, il se rallia à la Fédération de la gauche démocrate et socialiste à partir de 1967. Après l'élection de JJ Servan-Schreiber à la présidence du parti radical valoisien, en 1971, il prit part, au côté de Robert Fabre, à la formation du « Mouvement des radicaux de gauche ». Député au Parlement européen, entre 1979 et 1981, ministre de la Justice dans le premier gouvernement Mauroy de 1981, il devint ensuite sénateur du Lot, entre 1983 et 1988. Nommé ministre de l'Équipement et du Logement en 1988, il quitta cette fonction dès 1989 pour devenir membre du Conseil constitutionnel.

(IIIe République)

Ferry Jules
(1832 - 1893)

Dans les années 1880, Jules Ferry fut l'un des pères fondateurs, avec Gambetta, de l'identité républicaine en France. Juriste de formation, il avait cependant connu la notoriété dès le Second Empire, en critiquant les abus de l'état napoléonien, publiant notamment, en 1868, les célèbres *« comptes fantastiques d'Haussmann »* et en s'opposant à l'aventure militaire de 1870. Frustré pendant quelques années par la majorité monarchiste de la Chambre, Jules Ferry domina ensuite la scène politique du pays de 1879 à 1885. Ce fut pendant cette période qu'il fut ministre de l'Instruction Publique et qu'il fit voter un chapelet de lois rendant gratuit, obligatoire et surtout laïc l'enseignement primaire en France. Ce fut également durant cette période qu'il fut Président du conseil et qu'il enracina l'esprit républicain dans le pays en faisant voter des lois sociales fondatrices en matière de libertés publiques et professionnelles. De son vivant, Jules Ferry fut très critiqué, à la fois, par la droite (qui jugeait qu'il accordait trop de libertés « républicaines » au peuple) et par la gauche (qui critiquait ses positions jugées trop colonialistes). Homme d'équilibre, qui considérait que le progrès d'un pays dépendait de sa capacité à former et à éduquer le plus grand nombre, l'œuvre réformatrice de Jules Ferry ne fut réellement reconnue qu'après sa disparition.

(Ve République)

Fillioud Georges
(1929 - 2011)

Georges Fillioud débuta sa carrière comme journaliste à Europe I, de 1956 à 1966 où il fut, par la suite, interdit d'antenne pour avoir signé un manifeste pour l'union des gauches. Il rejoignit ensuite la Convention des institutions républicaines (CIR) de François Mitterrand. Elu député FGDS de la Drôme en 1967, puis réélu en 1973, 1978 et 1981 sous l'étiquette du PS. Après le congrès d'Épinay de 1971, Fillioud fut chargé de la communication de ce parti. Chef du service de presse du candidat unique de la gauche lors de l'élection présidentielle de 1974 (François Mitterrand). En 1982, il présenta une loi déclarant que « la communication audio-visuelle » était désormais libre. Il fut ensuite ministre de la Communication entre 1981 et 1983 dans les deux premiers gouvernements Mauroy, puis Secrétaire d'État auprès du Ier ministre, chargé des techniques de communication entre 1983 et 1986, dans le troisième gouvernement Mauroy et dans le gouvernement de Laurent Fabius. Élu conseiller général de la Drôme de 1970 à 1982, il fut également maire de Romans-sur-Isère de 1977 à 1983 et conseiller d'État. Nommé en 1990 président de l'Institut National de l'Audiovisuel (INA). De 1993 à 1996, il fut membre du conseil d'administration de l'AFP en qualité de représentant du service national de la RTF.

(IIIe République)

Flandin Pierre-Etienne
(1889 - 1958)

Pierre-Etienne Flandin fut un homme politique qui joua un rôle important sous la Troisième République. Député libéral dès 1914, il devint progressivement l'un des leaders de « l'Alliance démocratique », un parti centriste de droite. À compter de 1930, sa carrière politique prit de l'importance quand il devint ministre, notamment des Finances entre 1931 et 1933 puis atteignit son apogée lorsqu'il fut nommé Président du conseil, en novembre 1934. Revenu dans l'opposition en 1936, Flandin, par peur du communisme, commença à radicaliser ses positions en prônant notamment un rapprochement avec l'Allemagne nazie. Après la déroute française de juin 1940, il fut de ceux qui votèrent les pleins pouvoirs au maréchal Pétain, partant du principe que c'était la moins mauvaise solution. Suite au renvoi de Pierre Laval en décembre 1940, Pétain supprima la fonction de vice-présidence du conseil et appela Flandin à la fonction de ministre des Affaires Étrangères, principal portefeuille du conseil. Les Allemands, considérant que Flandin n'était pas assez « collaborationniste » obtinrent rapidement son renvoi dès février 1941. Bien que rejoignant Alger, dès 1942, Flandin fut condamné, en 1946, par la Haute-Cour de justice à cinq ans d'indignité nationale, peine qui fut commuée en raison des services qu'il rendit à la Résistance.

(Guerre 14-18)

Foch Ferdinand
(1851 - 1929)

Polytechnicien, Ferdinand Foch était adepte de la puissance de feu à outrance. Début septembre 1914, il s'illustra dans la première bataille de la Marne. En octobre 1914, adjoint du général Joffre, il coordonna l'action des troupes belges, britanniques et françaises dans les opérations de la « course à la mer ». Plus tard, les offensives de la bataille de la Somme, freinées par les exigences du front de Verdun, n'aboutirent qu'à un succès partiel. Sacrifié par les politiques, Foch ne revint au premier plan qu'après l'échec sanglant de l'offensive Nivelle et des mutineries de 1917. Tandis que Pétain se voyait confier le commandement en chef, Foch fut alors nommé chef d'état-major général, c'est-à-dire conseiller technique du gouvernement dans les conférences interalliées. La disparition du front russe laissant prévoir de puissantes attaques allemandes, les Alliés tentèrent de coordonner leurs efforts et adoptèrent le plan d'action du général Foch. Il faudra cependant attendre la menace de dislocation du front franco-britannique sous la poussée allemande du printemps de 1918 pour qu'un accord se fasse sur un commandement unique. Les Alliés désignèrent Foch pour assurer cette fonction. Ce dernier galvanisa la résistance aux offensives allemandes du printemps et de l'été 1918. S'appuyant sur la supériorité numérique alliée, résultant notamment de l'apport progressif des soldats américains, Foch déclencha l'ultime offensive qui aboutit à la capitulation finale de l'armée allemande.

(Ve République)

Fontanet Joseph
(1921 - 1980)

Joseph Fontanet intégra très tôt HEC en 1937. Il obtint par la suite un doctorat de droit et participa au débarquement à Fréjus en août 1944. Il s'inscrivit au tout nouveau Mouvement républicain populaire (MRP) dont le programme social correspondait à ses aspirations. En 1951, il obtint son premier mandat électif en devenant conseiller général en Savoie. Réélu dans ce canton en 1958, 1964 et 1970, il devint président du conseil général à trois reprises entre 1964 et 1973. Élu député de la Savoie en 1958 et réélu par la suite, il entra au gouvernement de Michel Debré comme secrétaire d'État à l'Industrie et au Commerce, avant d'être nommé ministre de la Santé de Georges Pompidou. Il entreprit par la suite la construction d'une force politique centriste. De 1964 à 1966, il entra au comité directeur du nouveau Centre démocrate. Avec Jacques Duhamel, il forma alors le « Centre des Démocrates Sociaux ». Joseph Fontanet soutint logiquement la candidature de Lecanuet à l'élection présidentielle de 1965. En juin 1969, il soutint Pompidou, et revint au gouvernement, comme ministre du Travail. Il conserva ces fonctions jusqu'en juillet 1972. De juillet 1972 à mai 1974, il devint ministre de l'Éducation nationale. En 1974, battu à l'élection législative partielle de Savoie, il interrompit ses activités politiques. Il décéda, assassiné à Paris, le 1er février 1980 (?!) L'affaire ne fut jamais élucidée.

(Ve République)

Fouchet Christian
(1911 - 1974)

De formation juridique, diplômé de Sciences-Po, Christian Fouchet se mit rapidement à disposition du général de Gaulle en juin 1940. Secrétaire d'ambassade à Moscou en 1944, il fut, de 1945 à 1947, Consul général de France à Calcutta. Par la suite, il entama une carrière politique. Élu, en 1951, député de Paris, il entra en juin 1954, dans le gouvernement Mendès France comme ministre des Affaires marocaines et tunisiennes. Deux ans après, battu aux législatives, il s'éloigna de la politique. 1958 et le retour de Gaulle le ramenèrent « aux affaires ». Nommé ambassadeur au Danemark, il fut chargé de la mission d'élaborer des propositions sur la création d'une union politique de l'Europe. Rejeté par les partenaires de la France, le « plan Fouchet » fut un échec. Une autre mission lui fut confiée en mars 1962 : haut-commissaire de la République en Algérie, il organisa, après les accords d'Évian, le référendum sur l'autodétermination. Puis, il entra en 1962 au gouvernement, d'abord comme ministre de l'Information, puis de 1962 à 1967 à l'Éducation nationale. Devenu en 1967 ministre de l'Intérieur, il occupait ce poste lorsque survint Mai 68. Opposé à l'action de Pompidou, il fut écarté du gouvernement, lors du remaniement qui suivit les événements. Après l'élection présidentielle de 1969, il quitta l'UDR et perdit de la visibilité.

(Résistance intérieure)

Frenay Henri
(1905 - 1988)

Henri Frenay, Saint-Cyrien de formation, fut l'un des premiers « résistants » de l'intérieur. Débutant la guerre comme capitaine, il créa en août 40, une structure d'opposition en zone libre, le « Mouvement de Libération Nationale », qui n'avait pas, à l'origine, vocation à s'opposer à Vichy. Par la suite et devant l'évidence de la collaboration de Pierre Laval, Frenay démissionna de l'armée et entra dans la clandestinité d'une résistance commune à l'occupant et à Vichy. Son mouvement fusionna, fin 1941, avec une autre unité de la résistance (« Liberté », créé par François de Menthon) pour devenir le principal mouvement de résistance de la zone libre sous le nom de « Combat ». Grâce aux fonds fournis par Jean Moulin, Combat put financer ses cadres et se développer dans différents domaines allant du renseignement au sabotage. S'étant rallié à l'action unificatrice de Moulin, Henri Frenay joua alors un rôle important, au printemps 1943, dans la phase déterminante de réunification des mouvements de résistance de la zone sud qui déboucha sur les « Mouvements Unis de la Résistance ». Par la suite, et en raison d'une certaine méfiance réciproque entre le général de Gaulle et cet homme de gauche, son action politique se dilua dans un petit parti qu'il fonda, mais qui ne parvint pas à le faire revenir sur le devant de la scène politique.

(Ve République)

Frey Roger
(1913 - 1997)

De 1936 à 1939, Roger Frey dirigea les affaires familiales de nickel en Nouvelle-Calédonie. Mais dès 1940, il rejoignit Londres et s'engagea auprès du général de Gaulle. Après la guerre, il le suivit dans l'aventure politique du RPF, dont il devint en 1951 le trésorier. Il participa au retour du général et devint le premier secrétaire général de l'UNR, en 1958. Mais dès 1959, il entra dans le gouvernement de Michel Debré comme ministre de l'Information. Ce fut le début d'une longue carrière ministérielle, ininterrompue pendant treize ans. À tel point que, élu député de Paris de 1962 à 1974, il ne siégea qu'une seule année à l'Assemblée nationale. Roger Frey se fit surtout connaître au ministère de l'Intérieur. Il dut en effet affronter les épisodes les plus controversés du gaullisme (répression de la manifestation organisée dans la capitale par le FLN en octobre 1961, de la manifestation anti-OAS de février 1962, à Charonne, de l'enlèvement en 1965 de l'opposant marocain Mehdi Ben Barka en plein Paris). Georges Pompidou en fit, en 1967, son ministre des Relations avec le Parlement. En 1974, Georges Pompidou le nomma président du Conseil constitutionnel. Ce fut pendant son mandat que la saisine de cette instance fut élargie aux parlementaires, et surtout que la Ve République connut sa première alternance. Roger Frey, baron du gaullisme, abandonna la politique en 1983.

(IIIe République)

Freycinet Charles de
(1828 - 1923)

Ingénieur polytechnicien, Charles de Freycinet fut un homme politique qui joua un rôle important dans la période d'installation et d'enracinement de la Troisième République. Porté quatre fois à la tête du Conseil de 1879 à 1892, ce républicain modéré avait commencé sa carrière politique assez tard, dans le sillage de Gambetta, au moment de la poursuite en France de la guerre de 1870. Par la suite, Freycinet commença à se faire connaître comme ministre des Travaux publics où il mit en vigueur un vaste projet d'équipement visant à moderniser le pays et à désenclaver certaines régions mal desservies. Il fit ainsi voter, en 1879, le plan qui portait son nom, pour la construction de 8 700 kilomètres de voies ferrées d'intérêt local ainsi que de nombreux canaux à petit gabarit. Nommé ministre de la Guerre, en 1889, il ramena de cinq à trois ans la durée du service militaire, créa le Conseil supérieur de la guerre et l'état-major général. Il fit également adopter le fusil « Lebel » et le fameux canon de 75. Redevenu ministre de la Guerre, en 1898, il ne se fourvoya qu'une seule fois en soutenant aveuglément l'armée dans l'affaire Dreyfus. Il termina sa très longue carrière en étant rappelé une dernière fois comme ministre d'État pendant la «Grande Guerre pour témoigner de « l'union sacrée » entre les Français de toute génération.

(IVe République)

Gaillard Félix
(1919 - 1970)

Félix Gaillard devint inspecteur des finances en 1943. Directeur de cabinet de Jean Monnet en 1944, il participa activement à la Résistance en France à partir de 1943. Il fut notamment l'adjoint, en 1944, d'Alexandre Parodi, délégué du GPRF gaulliste en France. Après-guerre, il fut élu député du Parti radical-socialiste en Charente et conserva ce mandat jusqu'à sa mort. Il participa à plusieurs gouvernements sous la IVe et fut en particulier ministre des Finances, en 1957. À ce poste, il négocia une avance de 300 milliards de francs avec la Banque de France et fit adopter la loi de juin 1957 portant assainissement économique et financier majorant de 20% l'impôt sur les sociétés, les droits de timbre et d'enregistrement. Mais rapidement il dut réduire sa politique de libéralisation des échanges commerciaux et prépara une dévaluation déguisée sous le nom d'opération 20% instaurant en fait, à compter de 1957, un régime de changes multiples. Un train de décrets introduisit également un régime de soutien des prix agricoles. Couronnement de sa carrière, il fut président du Conseil entre novembre 1957 et mai 1958, ce qui en fit, à 38 ans, le plus jeune chef de gouvernement jamais nommé en France. Comme d'autres avant lui, son gouvernement chuta en raison des évènements en Algérie. Disparu de la scène politique, il décéda dans le naufrage de son bateau de plaisance au large de Jersey.

(Ve République)

Galley Robert
(1921 - 2012)

Fils de médecin, Robert Galley refusa la défaite dès juin 1940 et rejoignit l'Angleterre. Il prit part à plusieurs opérations en Afrique avant d'être envoyé sur le front d'El Alamein en juillet 1942. Il fut ensuite intégré à la 2e division blindée du général Leclerc et participa à de nombreuses campagnes, dont la Libération de Paris et la campagne d'Allemagne. Suite à cela, il fut fait Grand officier de la Légion d'honneur et « compagnon de la Libération », cité quatre fois pour la croix de guerre 39/45. Il reprit des études scientifiques après-guerre et fut reçu à l'École centrale Paris dont il sortit ingénieur. Il entra ensuite, en 1955, au commissariat à l'énergie atomique. Puis il entama une longue et riche carrière politique, en 1968, quand il devint député de l'Aube et qu'il le resta jusqu'en 2002. Robert Galley fut alors maire de Troyes de 1972 à 1995. Mais au plan national, il servit les trois premiers présidents de la Ve République et devint ministre sans interruption durant 14 ans d'affilée ! Il fut ainsi ministre en charge de l'Équipement et du Logement en 1968, de la Recherche scientifique en 1969, des Télécommunications, entre 1969 et 1972, des Transports en 1973, des Armées en 1974, de l'Équipement entre 1974 et 1975, de la Coopération (entre 1976 et 1980), et enfin de la Défense jusqu'en 1981 !

(Colonies)

Gallieni Joseph
(1849 - 1916)

Fils d'un officier italien, Joseph Gallieni sortit de Saint-Cyr, en 1870, et entama immédiatement une carrière coloniale à la Réunion puis en Afrique noire. En 1886, il fut gouverneur général du Soudan français (l'actuel Mali). En 1892, on le nomma au Tonkin où il organisa l'administration. Convaincu comme Jules Ferry de la « mission civilisatrice » de la République française, il appliqua cette doctrine à Madagascar dont il fut nommé gouverneur général, en 1896. En 1905, usé mais auréolé de gloire, Gallieni revint en France comme général de division. Récemment placé en retraite en mars 1914, on le rappela quand éclata la Grande Guerre. Fn août 1914, il fut nommé gouverneur militaire de Paris et s'illustra à ce poste par son énergie et sa réactivité. Tandis que le gouvernement s'était replié à Bordeaux, il mit la ville en état de défense, rassura les Parisiens par une proclamation de fermeté et désobéit fort heureusement à Joffre quand celui-ci lui demanda de replier ses troupes sur l'Yonne. C'est encore lui qui, sitôt informé du mouvement tournant des armées allemandes sur la Marne, convainquit le généralissime Joffre de lancer une contre-attaque sur leur flanc. Appelé au ministère de la Guerre, fin octobre 1915, par Aristide Briand, il tint au Parlement des discours remarqués pour galvaniser les classes mobilisables. La maladie l'obligea à démissionner, en mars 1916. Il fut élevé, à titre posthume, à la dignité de Maréchal de France.

(IIIe République)

Gambetta Léon
(1838 - 1882)

Léon Gambetta se fit d'abord connaître comme avocat avec de vibrantes plaidoiries. Élu député en 1869, il défendait alors un programme « radical » qui représenta une référence durant de nombreuses années : suffrage universel, libertés individuelles de réunions et d'associations, séparation des Églises et de l'État, instruction primaire gratuite, laïque et obligatoire. Ministre de l'Intérieur dans le gouvernement de la Défense nationale, il quitta Paris assiégé par les Prussiens en ballon et tenta, sans succès, d'organiser la résistance depuis la province. Élu dans la nouvelle assemblée, il démissionna au lendemain du traité de Francfort, pour protester contre l'amputation de l'Alsace-Lorraine. Afin de composer avec la droite parlementaire, il prit la tête d'un courant « opportuniste » afin d'installer un régime consensuel. Sa stratégie d'alliance le conduisit à accepter les lois constitutionnelles de 1875. Gambetta fut de nouveau en tête du combat lors de la crise de 1877 qui opposa républicains et monarchistes. Après sa victoire éclatante aux élections de 1881, il fut enfin nommé président du Conseil. Mais son gouvernement ne dura que trois mois ! Sa politique dynamique se heurta rapidement aux lobbies financiers et au « conservatisme » du personnel politique. Il mourut très jeune (44 ans) d'une blessure domestique qui dégénéra en septicémie.

(Guerre 39-40)

Gamelin Maurice
(1872 - 1958)

Maurice Gamelin fit de brillantes études qui lui permirent de sortir Major de Saint-Cyr, en 1893. Durant la « Grande guerre de 14-18 », il se distingua notamment lors de la bataille de la Somme en 1916. En 1925, il servit au Levant contre les Druses. Devenu chef d'état-major général en 1931, il succéda à Weygand, en 1935, comme vice-président du Conseil supérieur de la guerre. En janvier 1938, il fut nommé chef d'état-major général de la Défense nationale. À la veille du second grand conflit mondial, sa notoriété en France était réelle. Mais après la « drôle de guerre » Gamelin multiplia les erreurs tactiques et stratégiques. Persuadé que les Allemands allaient reprendre le plan Schlieffen (attaque par la Belgique) il se prépara à des contre-offensives dans le Nord. Le déferlement des Allemands en Ardenne alors que la quasi-totalité des armées françaises restait fixée en Belgique révéla l'étendue du désastre. Limogé par Reynaud, le 17 mai 1940, Gamelin fut remplacé par Weygand, qui ne fit pas mieux. Gamelin fut interné au fort du Portalet après l'armistice, avec Léon Blum, Daladier, Mandel et Reynaud. Plus tard, les Allemands envahirent la zone libre en novembre 1942 et transférèrent l'ancien généralissime à Buchenwald puis à Itter dans le Tyrol autrichien. Les troupes américaines le libérèrent en mai 1945. De retour à Paris, Gamelin consacra le reste de sa vie à se justifier dans ses « Mémoires ».

(Ve République)

Garaud Marie-France
(1934 - 2024)

Diplômée en droit privé et public, Marie-France Garaud (née Quintard) fut d'abord attachée juridique au ministère de la Marine. Puis dans les années 60 attachée parlementaire du ministre de la Justice. Elle suivit par la suite Georges Pompidou en quête de la « présidentielle » de 1969. Ce fut à cette époque qu'en compagnie de Pierre Juillet, elle se mit dans le sillage d'un jeune ministre prometteur : Jacques Chirac. Devenue une « éminence grise » dans la fondation du Rassemblement pour la République (RPR) en 1976, ce fut elle qui aurait inspiré en 1978 « l'appel de Cochin » contre la droite pro-européenne incarnée par l'UDF. Mais elle dut quitter l'entourage de son mentor après l'échec relatif du RPR aux élections européennes de 1979. Sans l'investiture du RPR et très largement méconnue du grand public, elle se présenta cependant à l'élection présidentielle de 1981, où elle n'obtint qu'1,33 % des voix. À partir de 1982, elle se rapprocha d'abord de François Mitterrand puis de Philippe Séguin. Pour l'élection présidentielle de 1988, elle apporta son soutien à Raymond Barre. En 1992, elle s'engagea (sans succès) dans la bataille contre le traité de Maastricht lors du référendum français. Elle s'allia alors avec Philippe Séguin. Député européenne de 1999 à 2004, elle se prononça logiquement en faveur du « non » lors du référendum de 2005 sur le traité établissant une Constitution pour l'Europe.

(IIIe République)

Gerlier Pierre-Marie
(1880 - 1965)

Le cardinal Pierre-Marie Gerlier, ancien avocat, devenu prêtre tardivement, bénéficia par la suite d'une rapide promotion dans la hiérarchie catholique (évêque en 1929, archevêque de Lyon en 1937 à 57 ans). Dans les circonstances dramatiques où la France fut plongée à compter de juin 1940, il semble établi que les idéaux civils et religieux proclamés du régime de Vichy furent assez largement approuvés par l'épiscopat français de l'époque. En réceptionnant le maréchal Pétain en novembre 1940, quelques jours après l'entrevue de « Montoire », le cardinal Gerlier symbolisa le soutien de l'Église de France au régime qui se mettait en place *(« Pétain, c'est la France et la France, c'est Pétain... »)*. Toutefois, en septembre 1942 il publia une lettre lue dans la plupart des paroisses de France. Tout en continuant de défendre le respect de l'ordre, son discours marqua une évolution importante en plaçant le devoir de conscience au-dessus des lois humaines. Par la suite et devant le comportement jusqu'au-boutiste du régime, véritable auxiliaire des nazis sur la question juive, l'Église protesta tandis que le cardinal Gerlier fut de ceux qui organisèrent des filières de sauvetage de juifs menacés. Il aida également ceux qui œuvraient dans ce sens, comme l'abbé Glasberg. Il reçut à titre posthume la « médaille des Justes » en 1980.

(Guerre 39-40)

Giraud Henri
(1879 - 1949)

Henri Giraud fut un militaire sur lequel nombre d'historiens sont restés perplexes. À l'aube de la Seconde Guerre mondiale, c'était un chef militaire reconnu par ses pairs. Dans la débâcle de juin 1940, il fut fait prisonnier, mais parvint à s'échapper, spectaculairement, en avril 1942, à la grande fureur d'Hitler. Ce fut à partir de cette époque que Giraud commença à adopter des attitudes ambiguës. Pro-américain et antigaulliste, il ne se démarqua pas franchement du gouvernement de Vichy. En novembre 1942, il devint quasiment le second de l'amiral Darlan à Alger, puis le chef civil et militaire des Forces françaises d'Afrique du Nord lorsque Darlan fut assassiné en décembre 1942. Il fut d'abord conforté par les Américains qui préféraient traiter avec lui plutôt qu'avec un de Gaulle bien moins accommodant. Fin janvier 43, sous l'égide orientée de Roosevelt, Giraud rencontra de Gaulle à Casablanca (Anfa) en présence de Winston Churchill, mais ce fut un échec. Par la suite, les deux hommes coprésidèrent à Alger le CFLN, de juin à novembre 1943, jusqu'à ce que de Gaulle, qui s'appuyait sur la Résistance intérieure, finisse par marginaliser puis écarter Giraud. Ce dernier fut encore partie prenante dans la libération de la Corse, en septembre 1943, mais son rôle, par la suite, fut plus effacé même s'il devint parlementaire en juin 1946.

(Ve République)

Giroud Françoise
(1916 - 2003)

Née à Lausanne, mais d'origine turque, (son vrai nom est Lea France Gourdji), Françoise Giroud commença sa carrière dans le monde du cinéma, en 1937, en devenant scripte. Ce fut l'écrivain André Gillois qui lui choisit son pseudonyme pour une émission de radio. À la fin de la guerre, en 1945, elle devint rédactrice en chef pour le magazine « Elle » et rédigea des portraits de diverses personnalités d'abord pour le compte de « France Dimanche », puis pour « France Soir ». En 1953, elle fonda « L'Express » avec Jean-Jacques Servan-Schreiber et en assura la direction jusqu'en 1974. Elle soutint le candidat Valéry Giscard d'Estaing durant la campagne présidentielle de 1974 et fut nommée à cette date, secrétaire d'État, chargée de la Condition féminine. Elle promut des mesures en faveur des femmes, notamment afin de lutter contre certaines discriminations. Elle fut ensuite nommée secrétaire d'État à la Culture jusqu'en 1977. Un scandale concernant une médaille de la Résistance l'obligea à se retirer de la vie politique. Françoise Giroud se consacra alors, entièrement, à l'écriture et, en 1983, devint Éditorialiste au « Nouvel Observateur », où elle y travailla jusqu'à sa mort. Elle fut l'auteure de nombreux ouvrages, dont « Le Bon Plaisir », publié en 1983 et « Le Journal d'une Parisienne », parut en 1994,

(Ve République)

Giscard d'Estaing Valéry
(1926 - 2020)

Valéry Giscard d'Estaing fut un brillant élève, passant d'abord par Polytechnique avant d'intégrer l'ENA. Inspecteur des Finances, en 1954, il fut élu député du Puy-de-Dôme en 1956 (à 30 ans !). Il se rallia dès 1958 au général de Gaulle. Nommé Secrétaire d'État aux Finances en 1959 dans le gouvernement de Michel Debré, il devint ministre des Finances en 1962 dans le gouvernement de Georges Pompidou. À ce poste, il mit en œuvre un plan de stabilisation économique contre l'inflation dont l'échec partiel l'obligea à démissionner en 1966. Il créa peu après la Fédération nationale des républicains indépendants (RI), qui apporta un soutien critique à la politique gouvernementale et appela à voter « non » au référendum d'avril 1969 sur la réforme du Sénat et la régionalisation. Après la démission du général de Gaulle, il soutint la candidature de Georges Pompidou à la présidence de la République et retrouva le ministère de l'Économie et des Finances. Après la mort de Pompidou il brigua sa succession et bénéficia de l'appui de Jacques Chirac et de plusieurs députés gaullistes. Il fut élu président de la République, de peu, en 1974 contre François Mitterrand. Il nomma Jacques Chirac au poste de Premier ministre. Affirmant alors une volonté de changement et de modernisation, Giscard d'Estaing encouragea un certain nombre de réformes libérales, telles que les lois sur l'interruption volontaire de grossesse, l'abaissement de l'âge de la majorité à 18 ans ou encore l'instauration du divorce par consentement mutuel. Le pays entra cependant dans une crise amplifiée par le premier choc pétrolier en 1973, et dut faire face à de graves problèmes économiques (chômage, inflation, coût des matières premières). À la suite de divergences l'opposant à Jacques Chirac, Valéry Giscard d'Estaing fit alors appel, en 1976, à un économiste renommé - Raymond Barre - pour diriger le gouvernement. À l'extérieur, il axa sa politique étrangère sur la construction de l'Europe. Avec le chancelier allemand Helmut Schmidt, il fut l'instigateur du système monétaire européen (SME), de l'élection en 1969 des députés au Parlement européen et sur l'entente avec le tiers-monde. Au plan intérieur, la nécessité pour le président de s'appuyer sur une majorité élargie conduisit à la création, en 1978, de l'Union pour la démocratie française (UDF), qui regroupait alors la droite non gaulliste et le centre. Candidat à un second septennat, Valéry Giscard d'Estaing fut cette fois-ci affaibli par la concurrence de Chirac au Ier tour et par une fâcheuse polémique sur ses liens personnels avec le dictateur centrafricain Jean Bédel Bokassa. Au second tour de l'élection présidentielle d'avril-mai 1981, il ne recueillit que 48,24 % des suffrages face à François Mitterrand. Loin de se retirer de la vie politique, l'ancien président retrouva son siège de député du Puy-de-Dôme et présida la Commission des Affaires étrangères à l'Assemblée nationale. Il fut en outre président du Conseil régional d'Auvergne et présida l'UDF de 1988 à 1996. Il fut également député au Parlement européen entre 1989 et 1993. Il termina sa carrière au Conseil constitutionnel.

(Ve République)

Gorce Georges
(1915 - 2002)

Formé aux lettres classiques à Normale-Sup, Georges Gorce fut d'abord enseignant dans le monde arabe (maître de conférences au Caire) puis rejoignit en 1940 la France libre du général de Gaulle. Élu député socialiste SFIO de la Vendée à la Ière et à la seconde Assemblée nationale constituante, il fut réélu en 1946 à la Ière Assemblée de la IVe République. Il fut d'abord Secrétaire d'État aux Affaires musulmanes dans le gouvernement Blum, Secrétaire d'État à la France d'outre-mer dans le gouvernement Bidault, puis Délégué adjoint de la France à l'ONU en 1950. En 1957, il fut nommé ambassadeur de France en Tunisie. Après le retour du général de Gaulle, celui-ci le nomma représentant permanent du gouvernement français auprès des Communautés européennes en 1959, puis ambassadeur en Algérie de 1963 à 1967. Sous la Ve République, il fut élu député des Hauts-de-Seine sous les couleurs gaullistes (de l'UNR puis du RPR) de 1967 à 1997. Il occupa à nouveau des fonctions ministérielles dans les gouvernements Debré, Pompidou et Mesmer. Déjà élu en 1967 député à l'Assemblée nationale et Conseiller général des Hauts-de-Seine, il entama une seconde carrière, qui dura vingt ans, de 1971 à 1991, en tant que maire de Boulogne-Billancourt Ses compétences reconnues d'orientaliste lui valurent également d'être en 1975 chargé de mission au Proche-Orient, à Damas et à Beyrouth.

(IVe République)

Gouin Félix
(1884 – 1977)

Avocat à Marseille, Félix Gouin fut longtemps député SFIO des Bouches-du-Rhône de 1924 à 1958. Il fut l'un des 80 députés à avoir refusé, en juillet 40, les pleins pouvoirs à Pétain. Lors du procès de Riom, il assura la défense de Léon Blum. Ayant rejoint de Gaulle à Alger, il présida l'Assemblée consultative provisoire. Puis, sous le GPRF, il présida la première Assemblée constituante, et succéda au général de Gaulle à la tête du Gouvernement de janvier à juin 1946. Il fit alors fonctionner le système politique dit du « tripartisme » où la coalition des communistes, des socialistes et des démocrates-chrétiens (le MRP) dirigea le pays. Mais le premier projet de Constitution élaborée par les députés du tripartisme fut rejeté par référendum en mai 1946. Après l'adoption de la constitution de la IVe en octobre 1946, il devint Vice-président du Conseil dans le premier gouvernement Bidault. Par la suite, sous la IVe, il fut ministre d'État chargé du Plan dans les cabinets Blum et Ramadier. Il fut membre de la délégation française qui devant l'ONU défendit le dossier de l'intervention militaire française au moment de l'expédition de Suez en novembre 1956. Il cessa toute activité politique, en 1958, après avoir combattu au sein de son parti politique le ralliement des socialistes à la constitution de 1958 qui installa la Ve République.

(Résistance intérieure)

Grenier Ferdinand
(1901 – 1992)

D'extraction modeste, Fernand Grenier adhéra au Parti communiste très tôt, juste après le Congrès de Tours, en 1922. Arrêté en octobre 1940, il s'évada en juin 1941. Après avoir repris contact avec l'appareil clandestin du parti, il fut choisi pour représenter le Comité central lors des premiers contacts avec des envoyés de la France libre. Il rencontra ainsi le « colonel Rémy », en novembre 1942 et gagna l'Angleterre, en janvier 1943, en sa compagnie, porteur d'une lettre du Comité Central du Parti communiste. Grenier s'exprima sur l'antenne de la BBC en janvier 1943. Il représentait alors les communistes auprès des différentes instances de la France libre se succédant, mais il ne put accepter en septembre 1943 un poste de commissaire du Comité Français de la Libération Nationale proposé par de Gaulle sans l'aval de Jacques Duclos, responsable du parti dans la France occupée. Un compromis fut trouvé en avril 1944 avec la nomination de deux commissaires communistes, François Billoux au commissariat d'État et Fernand Grenier commissaire à l'Air. Ce fut à la suite de l'un des amendements qu'il déposa en mars 1944 à l'Assemblée provisoire à Alger que le droit de vote des femmes fut établi en France. Après la guerre, Grenier fit partie du comité central du PCF jusqu'en mai 1964. Il resta pro-soviétique jusqu'au bout.

(IIIe République)

Grévy Jules
(1807 – 1891)

Le sang-froid de Grévy, avocat, théoricien du droit, n'avait d'égal que sa maîtrise de la langue française. Avec Thiers et Gambetta, il s'opposa d'abord à la déclaration de guerre, en 1870, puis fut de ceux qui organisèrent la Défense nationale. Républicain modéré, il fut d'abord député à l'Assemblée nationale de Bordeaux, en février 1871, puis devint Président de la Chambre des députés, en février 1876. Il montra un certain caractère lors de la crise de mai 1877 qui se termina début 1879 par la démission du président Mac-Mahon. C'est lui qui lui succéda. À ce poste, il se montra d'abord hostile aux ambitions monarchistes puis au nationalisme revanchard des tenants du « boulangisme », enfin aux projets d'expansion coloniale, chers à Jules Ferry. Mais Grévy finit par mettre progressivement ses propres prérogatives constitutionnelles en sommeil pour faire du président du Conseil le véritable chef du gouvernement. Ainsi, il s'efforça, non sans complicité parmi les républicains, d'écarter Gambetta de la présidence du Conseil, puis, avec l'aide de Clemenceau, de miner le « grand ministère » que Gambetta ne dirigea que 73 jours à partir de novembre 1881. Ne pouvant se résoudre à quitter l'Élysée, il sollicita, en 1885, un second mandat auquel il dut renoncer, en 1887, emporté par le scandale du « trafic des décorations » auquel son gendre était mêlé.

(Ve République)

Guéna Yves
(1922 – 2016)

Yves Guéna fut d'abord un résistant qui suivit de Gaulle. Engagé dans les FFL, il participa aux campagnes de Libye, d'Égypte et de Tunisie. Il débarqua également en France avec la 2e DB du général Leclerc et fut grièvement blessé, en août 1944, lors de la reconquête d'Alençon. Après la Libération, il intégra la première promotion de l'ENA, en 1946, dont il sortit major de sa section. Il demanda le contrôle civil au Maroc. Il y resta jusqu'en 1955, à la veille de l'indépendance. Après le retour au pouvoir du général de Gaulle, il devint directeur du cabinet de Michel Debré au ministère de la justice et travailla à la rédaction de la Constitution de la Ve République. Il suivit encore Michel Debré lorsque celui-ci fut nommé à Matignon, en 1959, pour être le directeur adjoint de son cabinet, avant de repartir en Afrique, comme « Haut-Commissaire » en Côte d'Ivoire, puis, après l'indépendance, comme ambassadeur (1962). De retour en France, il devint député-maire de Périgueux jusqu'en 1981. Ce fut la période où il exerça plusieurs fonctions ministérielles entre 1967 et 1974, aux Télécoms, aux Transports et à l'Industrie. Il fut élu par la suite au Sénat, où il siégea de 1989 à 1997. Nommé au Conseil constitutionnel en 1997, il présida celui-ci jusqu'en 2004. Pour finir, il dirigea l'Institut du monde arabe de 2004 à 2007.

(IIIe République)

Guesde Jules
(1845 – 1922)

Journaliste républicain marqué à gauche, Guesde commença sa carrière sous le second Empire en étant condamné à six mois de prison, en 1870. Libéré après Sedan, il manifesta sa sympathie envers la « Commune » et fut de nouveau condamné à cinq ans de prison avant de fuir en Suisse. En 1876, il put revenir en France. Gagné aux idées de Marx, il fut l'un des principaux acteurs du mouvement ouvrier français, qui se manifesta par la création, en 1879, de la Fédération du parti des travailleurs socialistes de France. Jules Guesde et d'autres de ses amis se proclamèrent alors « collectivistes ». Le nouveau parti, miné par les tendances, éclata en 1882. Lui et ses partisans créèrent alors le Parti ouvrier (PO), qui devint, en 1893, le Parti ouvrier français, avant de constituer, en 1902, le Parti socialiste de France. De 1882 à 1902, Jules Guesde fut le leader incontesté de la gauche révolutionnaire française. Il fut député de 1893 à 1898, puis de 1906 jusqu'à sa mort. Imposant ses thèses au congrès d'Amsterdam, en 1904, il fut de ceux qui créèrent la SFIO, en 1905. Mais, considéré comme le gardien d'une théorie peu liée à la pratique, il fut bientôt supplanté par Jean Jaurès. En août 1914, il se rallia à l'union sacrée, entra même comme ministre d'État dans le gouvernement Viviani et demeura dans le gouvernement Briand jusqu'en décembre 1916.

(Ve République)

Guichard Olivier
(1920 – 2004)

Olivier Guichard fit des études de droit de lettres et de sciences politiques puis s'engagea dans les campagnes de France et d'Alsace, entre 1944 et 1945. Dès 1947 il rejoint le mouvement gaulliste. Chargé de mission du RPF, entre 1947 et 1951, il succéda à Georges Pompidou comme chef de cabinet du général de Gaulle pendant sa « traversée du désert ». Au retour du général, en 1958, il devint directeur adjoint de son cabinet, ensuite conseiller technique à l'Élysée en janvier 1959, enfin chargé de mission auprès de Georges Pompidou de 1962 à 1967. Élu député de la Loire-Atlantique en mars 1967, il fut successivement, sous le général de Gaulle, ministre de l'Industrie (1967-1968) puis ministre, du Plan et de l'Aménagement du territoire (1968-1969), sous Georges Pompidou, d'abord ministre de l'Éducation nationale (1969-1972) puis ministre de l'Aménagement du territoire (1972-1974) où il favorisa le développement des autoroutes et sous Giscard ministre d'Etat Garde des Sceaux (1976-1977). Il fut également maire de La Baule, entre 1971 et 1995 et président du Conseil régional des Pays-de-la-Loire, de 1976 à 1996. Considéré comme l'un des « barons » du gaullisme, les observateurs ont écrit que sa carrière nationale donna le sentiment, d'une succession d'occasions manquées qui l'empêchèrent de devenir « Ier ministre » alors qu'il fit longtemps partie des « favoris » à ce poste.

(Ve République)

Haby René
(1919- 2003)

D'abord instituteur en Lorraine, René Haby obtint l'agrégation de géographie en 1954. Il devint alors proviseur, puis chargé de cours de géographie dans différentes facultés, dont la Sorbonne. En 1963, il fut nommé inspecteur général de l'instruction publique puis de 1966 à 1968, devint directeur de cabinet de François Missoffe, ministre de la Jeunesse et des Sports. D'octobre 1972 à 1974, il fut nommé recteur de l'académie de Clermont-Ferrand. Ce fut à ce titre (de technicien) qu'il devint ministre de l'Éducation dans les gouvernements Chirac et Barre, sous la présidence de Giscard d'Estaing. Devenu membre du parti républicain, il fut élu député UDF en 1978, réélu en 1981 et 1986 et siégea à l'Assemblée nationale jusqu'en 1988. Durant son passage au ministère de l'Éducation nationale, René Haby fit promulguer une loi de démocratisation qui porta son nom. Elle prévoyait notamment la mise en place d'un « Collège pour tous » en continuité de l'« École pour tous ». Dès lors, on parla même de « collège unique ». Cette loi avait naturellement l'ambition de favoriser la « réussite pour tous » mais fut critiquée quant à ses résultats finaux. Élu conseiller général, en 1979, il vota blanc lors de l'élection du président du conseil général, car il était mécontent de ne pas avoir été choisi comme candidat de la majorité à cette présidence, ce qui provoqua l'élection d'un président communiste.

(Ve République)

Hamon Léo
(1908 – 1993)

Léo Hamon, né Léo Goldenberg, était fils d'un médecin marxiste émigré de Russie. Avocat à vingt-deux ans et secrétaire de la conférence du stage des avocats à la Cour de cassation et au Conseil d'État, il devint docteur en droit en 1932. Ardent patriote, il fut vice-président du comité parisien de la Libération et dirigea la prise de l'Hôtel de Ville en août 1944. Sénateur du département de la Seine de 1946 à 1958, il tenta d'aider l'abbé Pierre en 1954 afin qu'on affecte des crédits à la construction de logements d'urgence. Hostile à la CED, Léo Hamon quitta le MRP avant la fin de la IVe République et passa, à cinquante ans, l'agrégation de droit public. Professeur de faculté, il participa à de nombreux groupes de réflexions de gaullistes dits « de gauche » à partir de 1959, puis présida l'Initiative républicaine et socialiste. Il siégea également au Conseil économique et social de 1964 à 1968. Élu député de l'Essonne en 1968, il fut appelé par le Premier ministre Chaban-Delmas en juin 1969 (porte-parole du gouvernement jusqu'en mai 1972). Il fut ensuite, Secrétaire d'État chargé de la Participation et de l'Intéressement. Infatigable animateur des colloques les plus divers, Léo Hamon y apparut inlassablement en quête de pistes nouvelles, qu'il a largement décrites dans ses nombreux ouvrages portés vers la sociologie politique.

(Vichy)

Henriot Philippe
(1889 – 1944)

Ce fut en janvier 1944 que Philippe Henriot, ancien député, fut nommé « Secrétaire d'État à l'Information et à la Propagande » dans le dernier cabinet de Pierre Laval. Cette nomination tardive, comme celles de Joseph Darnand au « maintien de l'ordre » et de Marcel Déat à la « solidarité nationale », traduisait la fuite en avant d'un régime alors aux abois. Philippe Henriot avait l'éloquence facile ayant été professeur puis journaliste à « *Gringoire* et à « *Je suis partout* ». Il venait d'une droite catholique anticommuniste, antisémite et antiparlementaire. À l'avènement de Vichy, il s'était fait connaître en participant à la « guerre des ondes » opposant la radio de la France libre à celle de la France occupée. Lorsqu'il devint en outre, en février 1944, Président du Conseil supérieur de la radiodiffusion, Henriot par ses excès de vocabulaire et son déni permanent de la réalité y gagna définitivement son surnom extérieur de « Goebbels français ». La Résistance, qu'il prenait, régulièrement, violemment à partie, le « condamna » et le fit exécuter fin juin 1944. Le gouvernement lui fit des obsèques nationales, célébrées en présence du cardinal Suhard, archevêque de Paris. Son assassinat entraîna sans surprise certaines représailles de la Milice dont la plus célèbre fut l'assassinat de Georges Mandel, un ancien ministre, résistant et juif.

(Affaire Dreyfus)

Henry Hubert
(1846 – 1898)

En 1886, le commandant Hubert Henry fut affecté aux renseignements pour surveiller l'activité des autorités allemandes. L'un de ses agents lui confia, fin septembre 1894, un bordereau. Destiné à l'attaché militaire allemand et rédigé en français, ce document contenait des informations sensibles. En octobre, une enquête interne l'attribua au capitaine Dreyfus, arrêté quelques jours plus tard. Appelé à témoigner lors de son procès Henry accabla Dreyfus. Mais en mars 1896, un agent du service récupéra un célèbre « petit bleu » dans lequel un diplomate allemand informait le commandant Esterhazy qu'il jugeait ses activités insuffisantes. Le commandant Picquart constata alors que l'écriture d'Estherazy était la même que celle du bordereau de 1894. Henry se défendit alors en transmettant à ses supérieurs un nouveau faux allemands accusant explicitement Dreyfus de trahison (le faux Henry). Sur sa lancée, ce dernier composa d'autres « faux » pour conforter encore la culpabilité de Dreyfus. Il fallut attendre juillet 1898 et l'initiative du ministre de la Guerre, Godefroi Cavaignac pour que l'état-major admette enfin la vérité. Fin août, Henry avoua son forfait à Cavaignac. Il fut arrêté et emprisonné. Le lendemain, on le retrouva mort dans sa cellule, égorgé ! Suicide ou suicidé, la question ne fut jamais vraiment tranchée.

(Ve République)

Hernu Charles
(1923 – 1990)

Bien qu'il s'en défendit, Charles Hernu fut accusé à la Libération d'avoir travaillé pour le compte de l'administration de Vichy. Proche ensuite du radicalisme de gauche, ami de Pierre Mendès France, sa carrière politique commença quand il devint député en région parisienne sous l'étiquette du Front républicain. En 1958, il fit partie, avec PMF et Mitterrand des cinq députés non communistes ne votant pas l'investiture du général de Gaulle. À compter de 1962, il se mit clairement dans les pas de François Mitterrand. Il devint d'abord son directeur de communication lors de l'élection présidentielle de 1965. Il adhéra ensuite à la Fédération de la gauche démocrate et socialiste (FGDS) puis au PS et devint dans les années 1970, le spécialiste des questions de défense au sein du Parti socialiste. En 1977, il fut élu maire de Villeurbanne et fut élu de nouveau député l'année suivante. En mai 1981, il devint ministre de la Défense après la victoire de François Mitterrand à la Présidentielle. Mais il dut démissionner en septembre 1985, à la suite de l'Affaire du « Rainbow Warrior », un dynamitage par les services secrets français d'un navire de Greenpeace en N-Z qu'il avait ordonné sans en référer ni au 1er ministre, ni au Président. Une version contestée à l'époque par le patron de la DGSE, Pierre Lacoste, lui-même limogé !

(IIIe République)

Herriot Édouard
(1872 – 1957)

Édouard Herriot, maire emblématique de Lyon durant 50 ans (jusqu'en 1957), fut également un homme politique important dans l'entre-deux-guerres. Figure centrale du Parti radical socialiste qu'il releva à l'issue de la Grande Guerre, il fut de très nombreuses fois ministre, notamment des Affaires étrangères et de l'Instruction Publique, d'abord dans des cabinets de gauche, puis dans des coalitions d'union nationale. Sa carrière politique débuta vraiment lorsqu'il fut nommé Président du Conseil, en 1924, sous la présidence de Gaston Doumergue, en plein cartel des gauches, qu'il avait contribué à créer avec les socialistes de la SFIO. Cette première expérience fut de courte durée, en raison d'une forte crise financière qui le fit tomber dès avril 1925. Par la suite, Herriot fut encore porté deux fois à la Présidence du Conseil, en 1926 et 1932, mais ne s'engagea pas, personnellement, dans le Front populaire de 1936. Résolument hostile au défaitisme munichois, il s'abstint de voter les pleins pouvoirs au maréchal Pétain, en 1940. Mais formaté par le parlementarisme de la Troisième République, il se refusa à suivre de Gaulle et ses idées. Édouard Herriot, homme politique fin et lettré (reçu à l'Académie française en 1946) termina sa carrière sous la « Quatrième », en étant élu Président de la Chambre des députés de 1947 à 1954.

(Guerre 39-40)

Huntziger Charles
(1880 – 1941)

Après être sorti de Saint-Cyr en 1900, Charles Huntziger intégra l'infanterie coloniale. Durant la Première Guerre mondiale, il servit sur le front d'Orient. Il participa, en 1918, à l'élaboration du plan d'offensive du général Franchet d'Esperey contre les troupes germano-bulgares en Serbie. Il fut présent également à la signature d'un armistice entre les Alliés et la Bulgarie. En 1924, il fut nommé commandant du corps d'occupation à Tien-Tsin, en Chine et en 1933, commandant des troupes du Levant. En mai-juin 1940 pendant les deux mois de l'offensive allemande, il commanda d'abord la IIe armée, puis un groupe d'armées dans les Ardennes. Il subit en mai 1940, la percée de Sedan et ses réactions furent alors jugées inappropriées, comme l'envoi de blindés légers sans appui d'artillerie, Son absence d'initiative facilita également la réussite de l'offensive allemande. C'est pourtant lui qui fut choisi pour signer l'armistice de juin 1940. Sous Vichy, il fut nommé commandant en chef des forces terrestres. Puis ministre de la Guerre, en septembre 1940. À ce titre, il fut l'un des signataires de la loi portant statut des Juifs. En décembre 1940, il resta à son poste dans le gouvernement Flandin, de nouveau confirmé, en août 41, dans le gouvernement Darlan. Il mourut dans un accident d'avion au retour d'une mission d'inspection en Afrique du Nord.

(IIIe République)

Jaurès Jean
(1859 – 1914)

Avant de devenir le grand homme politique de la gauche française, Jean Jaurès fit de très brillantes études. Premier à « Normale Sup » et troisième à l'agrégation de philosophie, il devint professeur de philosophie. Rapidement, Jaurès se lança en politique et s'intéressa au sort des plus démunis. En 1892, la grève des mines de Carmaux le plongea dans la réalité de la classe ouvrière et le convertit définitivement au socialisme. Grâce au soutien des ouvriers, il fut élu député de la ville minière de Carmaux et conserva ce siège jusqu'à sa mort. Il publia alors de nombreux articles pour défendre le socialisme et s'opposer au marxisme, qu'il jugeait excessif. C'est lui qui cofonda, en 1904, le journal « L'Humanité », qu'il dirigea jusqu'à sa mort. Il y défendit sans relâche Alfred Dreyfus. En 1902, il participa activement à la fusion des deux partis socialistes français, donnant naissance à la SFIO (Section Française de l'Internationale Ouvrière). Jean Jaurès prônait également le pacifisme. À la veille de la Première Guerre mondiale, il exhortait à la paix et prévoyait une grève générale. Son désir de réconciliation entre les peuples fut ressenti par les « nationalistes » comme une trahison. Fin juillet 1914, il fut assassiné par l'un d'entre eu »x (Raoul Villain). Dix ans après sa mort, ses cendres furent transférées au Panthéon.

(IIIe République)

Jeannenay Jules
(1864 – 1957)

Laïc et de gauche, Jules Jeannenay n'adhéra jamais à un parti politique afin de garder son indépendance. Avocat, il s'engagea cependant progressivement en politique (maire, conseiller général, député sénateur…). Appelé par Clemenceau, il fut sous-secrétaire d'état à la guerre en 1917, puis chargé des questions d'Alsace-Lorraine en 1918. Après la Grande Guerre, il présida le Sénat de 1932 à 1942, et notamment la séance où les pleins pouvoirs furent donnés à Pétain. Il fit partie de ceux qui voulaient prolonger la lutte armée en Afrique du Nord. Le général de Gaulle appréciait donc cet homme indépendant et sage. Voilà pourquoi il lui proposa d'entrer dans le gouvernement provisoire comme ministre d'État, à l'âge avancé de 80 ans. Souvent consulté par le général, il assura l'intérim de de Gaulle pendant les voyages de celui-ci aux États-Unis et en URSS. Il s'attacha spécialement à la préparation du référendum et de l'élection d'une Assemblée constituante dont les pouvoirs seraient d'avance limités. Il s'occupa de différentes réformes administratives, et en particulier de la création de l'ENA et de la Fondation nationale des sciences politiques. En juillet 1945, il comparut comme témoin au procès de Philippe Pétain, où il fut interrogé sur les circonstances de la prise du pouvoir par le Maréchal et sur la décision de demander l'armistice.

(Ve République)

Jobert Michel
(1921 – 2002)

Énarque, Michel Jobert fut d'abord auditeur à la Cour des comptes en 1949. Puis conseiller référendaire en 1953. Il fit alors partie de divers cabinets ministériels sous la IVe, et fut collaborateur de Pierre Mendès France en 1954. Entré au cabinet de Georges Pompidou en mai 1963, il le dirigea à partir de janvier 1966 et fut nommé Secrétaire général de la présidence de la République après l'élection présidentielle de Pompidou en juin 1969. Ministre des Affaires étrangères, entre 1973 et 1974, il dénonça la collusion de l'URSS et des E-U, à propos notamment de leur accord sur le nucléaire en juin 1973. Il s'opposa également aux ingérence du secrétaire d'état américain Henry Kissinger dans les affaires européennes. Au plan intérieur, il soutint Chaban-Delmas à la présidentielle de 1974. Après l'élection de Giscard d'Estaing, il fonda le « Mouvement des Démocrates », puis se rapprocha de Mitterrand. En 1981, après avoir songé à se porter lui-même candidat à l'élection présidentielle, il soutint François Mitterrand, et devint son ministre du Commerce extérieur à la suite de l'élection de ce dernier. Il démissionna de ce poste en mars 1983. Après avoir été éditorialiste, il exerça la profession d'avocat au barreau de Paris. Par esprit de contradiction, il se déclarait volontiers « ailleurs » pour qualifier sa position politique.

(Guerre 14-18)

Joffre Joseph
(1852 – 1931)

Après un début de carrière marqué par les expéditions coloniales (Tonkin, Soudan français et Madagascar), Joseph Joffre fut nommé chef d'état-major général de l'Armée, en 1911, notamment parce qu'il était un spécialiste de la logistique ferroviaire. En 1914, en tant que commandant en chef des armées, il mit en œuvre le plan de mobilisation et de concentration (dit plan « XVII »), puis fit appliquer le principe de « l'offensive à outrance », alors enseignée à l'École de guerre. Un principe qui se révéla, cependant, très coûteux en vies humaines, notamment lors de la « bataille des Frontières ». Joffre fut ensuite l'un des artisans de la victoire alliée lors de la première bataille de la Marne. Confronté à l'impasse de la guerre de positions, sur le front Ouest, ses offensives de l'hiver 1914-1915 (en Champagne), du printemps 1915 (en Artois), de l'automne 1915 (de nouveau en Artois et en Champagne) et de l'été 1916 (sur la Somme) furent finalement des échecs, ne débloquant guère la situation. Fin 1916, il fut pourtant élevé à la dignité de maréchal de France, mais fut remplacé par le général Nivelle. Plus tard, en avril 1917, c'est lui qui conduisit avec Viviani la délégation française envoyée aux États-Unis pour convaincre le président Wilson de hâter la formation et l'envoi de troupes américaines sur le front. En 1918, il fut élu à l'Académie française.

(IIIe République)

Jouhaux Léon
(1879 – 1954)

D'abord ouvrier dans une manufacture d'Aubervilliers, Léon Jouhaux, très actif et persuasif, devint dès l'âge de trente ans, en juillet 1909, secrétaire général de la CGT. Dès lors, il participa aux efforts des syndicats pour prévenir les deux guerres mondiales, jugées contre-productives pour le monde ouvrier. Dans un premier temps de tendance syndicaliste révolutionnaire, Jouhaux fut considéré, après 1914, comme « réformiste ». Au début de la Seconde Guerre mondiale, il s'installa à Marseille où il prit contact avec les syndicalistes de la zone occupée. Arrêté par la police de Vichy, il fut livré aux nazis en novembre 1942. Son statut politique lui permit d'échapper aux stalags des prisonniers de guerre. Il fut libéré par les Américains après deux ans et demi de captivité. Dans l'euphorie de la victoire et de la paix, l'heure alors était à l'unité et Léon Jouhaux représenta pour de très nombreux travailleurs le père, le fédérateur, le rassembleur. Il reprit ainsi la tête de la CGT. Mais devant l'influence grandissante du PCF au sein de la confédération syndicale, il démissionna, en 1948, pour fonder la CGT-FO. La suite de sa carrière dépassa alors le cadre national. Il devint alors vice-président de la Fédération Syndicale mondiale et délégué à l'ONU. Son engagement permanent fut couronné, en 1951, par le Prix Nobel de la paix.

(Ve République)

Juillet Pierre
(1921 – 1999)

De formation juridique, Pierre Juillet devint avocat en 1945, un métier qu'il exerça une quinzaine d'années. Devenu membre du RPF en 1947, il fut nommé en 1958 chef de cabinet d'André Malraux. En 1962, il devint conseiller technique au cabinet du Premier ministre Georges Pompidou, à qui il présenta Marie-France Garaud, une juriste de haut niveau. Lorsque Pompidou fut élu président de la République, en 1969, Pierre Juillet devint rapidement, le conseiller de l'ombre du président. Pesant sur les nominations au gouvernement, il devint l'un des conseillers les plus influents du palais présidentiel avec Édouard Balladur. Il aurait obtenu, dit-on, le départ du Premier ministre Chaban-Delmas, jugé trop à gauche. Après la mort du président Pompidou, il devint ensuite, avec Marie-France Garaud, le mentor du jeune Jacques Chirac, gaulliste rallié à Giscard en cours de campagne présidentielle et devenu ensuite son Ier ministre. VGE lui aurait proposé de hauts postes ministériels qu'il refusa. Il fit partie en 1978 des rédacteurs de « l'Appel de Cochin » de Jacques Chirac, rédigé de son lit d'hôpital, qui dénonçait la politique anti-nationale de l'Europe fédérale. Mais Juillet rompit avec lui après l'échec des élections européennes de 1979 qui virent le RPR passer derrière la liste UDF conduite par Simone Veil.

(Guerre 39-40)

Juin Alphonse
(1888 – 1967)

Alphonse Juin naquit en Algérie. En 1912, militaire à Saint-Cyr, il sortit major de la promotion « Fès », la même que celle du général de Gaulle. Il perdit l'usage de son bras droit durant la « Grande Guerre ». Il servit ensuite sous les ordres du maréchal Lyautey lors de la guerre du Rif entre 1921 et 1926. Nommé général de brigade, il reçut en 1939 le commandement d'une division d'infanterie motorisée. En Belgique, cette unité arrêta un moment l'avance allemande. Encerclé à Lille, Juin fut fait prisonnier. Interné à Königstein, il fut libéré, en 1941 sur demande de Vichy. Il succéda alors à Weygand comme commandant en chef des forces d'Afrique du Nord. Quand les Alliés débarquèrent en Algérie et au Maroc, fin 1942, Juin se rallia d'abord au général Giraud et reçut le commandement des forces françaises engagées en Tunisie. Son action contribua à la victoire alliée. Par la suite, il forma un corps expéditionnaire en Italie. Celui-ci se couvrit de gloire à Cassino en prenant le Belvédère. Au printemps de 1944, par sa victoire du Garigliano, il ouvrit aux Alliés la route de Rome et de Sienne. Après avoir rempli, de 1944 à 1947, des fonctions de chef d'état-major de la défense nationale, Juin revint au Maroc, cette fois-ci comme Résident général. En 1951, il fut nommé commandant en chef du secteur Centre-Europe de l'Organisation atlantique. En juillet 1952, il reçut le bâton de maréchal de France.

(Ve République)

Kiejman Georges
(1932 – 2023)

Georges Kiejman fut une grande partie de sa vie ce que l'on appelle un « ténor » du barreau, ne refusant quasiment aucun dossier. Il commença par être l'avocat de nombreux éditeurs, notamment des éditions Gallimard. À cette occasion, il plaida pour Eugène Ionesco, Henry de Montherlant et les héritiers d'Albert Camus. En 1976, dans ce qui fut la première de ses procédures au pénal, il défendit l'anarchiste Pierre Goldman et obtint son acquittement du meurtre de deux pharmaciennes. Il fut également l'avocat de réalisateurs issus ou influencés par la Nouvelle Vague (tels François Truffaut ou Jean-Luc Godard). Par la suite, il devint l'avocat de nombreuses personnalités politiques (François Mitterrand, Jacques Chirac, Nicolas Sarkozy). De sensibilité de gauche, proche d'abord de Pierre Mendès-France puis de François Mitterrand, il devint ministre délégué auprès du garde des Sceaux, ministre de la Justice, entre octobre 1990 et mai 1991. Il fut ensuite, ministre délégué auprès du ministre de la Culture et de la Communication, de mai 1991 à avril 1992. Puis ministre délégué auprès du ministre des Affaires étrangères, entre avril 1992 et mars 1993. En 1990, ce fils de déporté n'hésita pas à s'interroger publiquement sur l'utilité de juger René Bousquet, ex-chef de la police du régime de Vichy et ami du président de la République Mitterrand, qui avait déjà été jugé quarante ans auparavant. Il reconnut par la suite qu'il avait commis une erreur.

(Résistance extérieure)

Koenig Pierre
(1898 – 1970)

Pierre Koenig, militaire aguerri, était engagé dans la Légion étrangère quand il décida de rejoindre la France Libre à Londres. Il se montra alors l'un des plus solides soldats rejoignant le général de Gaulle après « l'appel » du 18 juin. Il fut de toutes les missions et de tous les combats en Afrique noire, Afrique du Nord, Proche-Orient et lors de la Libération de Paris. En mai 1942, Koenig commandait la Ière Brigade Française Libre (BFL) intégrée à la 8ème armée britannique en Libye. À cette époque, les Anglais et les Italiens se battaient pour la mainmise de leurs protectorats respectifs (l'Égypte et la Libye). L'épisode de Bir-hakeim, petit fortin en plein désert libyen, s'inscrivit à l'intérieur de ce conflit général. Suite à des manœuvres réussies d'Erwin Rommel, la voie du Caire semblait ouverte aux chars allemands. L'action de Koenig et de sa petite brigade (3 700 hommes d'horizons variés) consista à « tenir » pendant une quinzaine de jours jusqu'au 11 juin 1942 la position de Bir-Hakeim face à un ennemi supérieurement armé en hommes et en matériels, pour laisser le temps à l'armée anglaise de se réorganiser. Ce célèbre fait d'armes contribua à crédibiliser l'action militaire des FFL vis-à-vis des alliés. En juin 44, Pierre Koenig fut promu général de corps d'armée. Nommé gouverneur militaire de Paris peu avant la libération de la ville, il termina sa carrière comme député du Bas-Rhin sous la IVe République.

(Vichy)

Laborde Jean de
(1878 – 1977)

Entré à l'École navale en 1898, Jean de Laborde s'illustra dans l'aéronavale de 1914 à 1918. Après 1919, il reçut plusieurs commandements importants. Amiral en 1938 puis inspecteur des forces maritimes, il reçut, à la déclaration de guerre, le commandement des forces maritimes de l'Ouest. Son loyalisme envers le gouvernement de Vichy fut alors sans faille. En 1942, en accord avec le maréchal Pétain et Laval, il présenta au Reich le projet de formation d'un « corps franc » de vingt mille hommes, à envoyer au Tchad pour combattre les FFL de Leclerc. Un projet refusé par des Allemands restés méfiants. Pourtant, après le débarquement allié en Afrique du Nord, Toulon se transforma en camp retranché, l'amiral ayant fait prêter serment à ses officiers de défendre jusqu'au bout Toulon contre les Alliés et les Gaullistes. Mais conformément aux directives officielles, Laborde donna l'ordre de saborder sa flotte fin novembre 1942. La France perdit alors la quasi-totalité de sa marine de guerre : 4 cuirassés, 7 croiseurs, 17 contre-torpilleurs, un transporteur d'avions, 6 avisos, 16 sous-marins furent coulés. Jugé à la Libération par la Haute-Cour de justice, Laborde fut condamné à mort en mars 1947, avant de bénéficier de la grâce du président Auriol qui transforma l'arrêt en peine de détention perpétuelle. Une peine commuée par la suite lui permettant d'être libéré en 1954.

(Guerre d'Algérie)

Lacoste Robert
(1898 – 1989)

Robert Lacoste, de sensibilité socialiste, fut d'abord fonctionnaire des finances. En 1940, il rejoignit la Résistance en Haute-Savoie. Plus tard, et à la demande de Jean Moulin, il participa à l'élaboration du programme du CNR. En 1944, il fut nommé délégué général adjoint du CFLN pour la France occupée. Il devint alors ministre à la Production industrielle dans le gouvernement provisoire du général de Gaulle. Il accompagna ce dernier lors de sa visite à Oradour-sur-Glane, en mars 1945. Son entrée au gouvernement provisoire fut le prélude d'une longue carrière à des postes divers mais essentiels à la période considérée sensible de l'immédiat après-guerre. Il fut ainsi reconduit au poste ministériel de la Production industrielle jusqu'au gouvernement de Léon Blum qui s'acheva fin janvier 1947. Lacoste à l'époque était considéré comme une tête de pont du patronat français au sein de la SFIO. Partisan farouche de l'Algérie française, Lacoste accepta de remplacer le général Catroux et devint ministre résident et gouverneur général de l'Algérie en février 1956. Il conserva ce ministère jusqu'aux événements de mai 1958. Considéré comme l'un des principaux adversaires du FLN, il témoigna pour la défense du général Salan lors de son procès, en mai 1962. Par la suite, il siégea à nouveau à l'Assemblée nationale de 1962 à 1967, puis termina sa carrière en 1980, comme sénateur de la Dordogne.

(IVe République)

Laniel Joseph
(1889 – 1975)

Joseph Laniel, un homme venu du privé, fut député du Calvados de 1932 à 1958. Déjà sous-secrétaire d'État aux Finances dans le gouvernement de Paul Reynaud en 1940, il vota les pleins pouvoirs à Pétain en juillet 1940. Par la suite, il devint résistant et participa à la fondation du CNR. Ce fut cette instance qui le délégua pour siéger à l'Assemblée consultative provisoire, entre 1944 et 1945. À cette date, il fonda le Parti républicain de la liberté (PRL) qui fusionna avec les Indépendants. En 1947, il devint vice-président de la Commission parlementaire, chargée d'enquêter sur les évènements survenus en France de 1933 à 1945. Par la suite, il occupa de très nombreuses fonctions ministérielles et devint Président du Conseil dans deux gouvernements successifs entre juin 1953 et juin 1954. Son gouvernement fut confronté à de l'agitation sociale, à la division de l'opinion face à la CED et à l'aggravation du conflit indochinois. Si sa politique de rigueur budgétaire permit de contenir l'inflation, la croissance ralentie et le chômage fit son retour. En juillet 1953, il obtint pour trois mois l'habilitation à légiférer par décrets-lois en matière économique et sociale. Face aux grèves de la CGT qui s'ensuivirent, il mobilisa des militaires et fit émettre des dizaines de milliers d'ordres individuels de reprise du travail, sans grand succès. Ce fut le désastre de Dien Bien Phu qui mit fin à son gouvernement et à sa carrière politique.

(Résistance extérieure)

Larminat Edgar de
(1895 – 1962)

Sorti de Saint-Cyr en 1914 Edgard de Larminat fit toute la « Grande Guerre » dans l'infanterie. Trois fois blessé, capitaine en 1917, il choisit la « Coloniale » en 1919. Colonel en 1940, il dirigea l'état-major du général Mittelhauser, commandant en chef au Moyen-Orient, qu'il tenta vainement de rallier à la France Libre. En juin 1940, il refusa la défaite et diffusa des ordres pour créer une force de volontaires destinée à rejoindre les Britanniques, ce qui lui valut d'être emprisonné à Damas. Il s'évada et rejoignit les FFL en Palestine. En août 1940, il contribua au ralliement du Moyen-Congo à la France libre. Il fut ensuite nommé gouverneur général de l'AEF. Membre du Conseil de Défense de l'Empire, il fut promu général de brigade en juillet 1941. Il organisa alors les bataillons africains des FFL formant également la Ire division française libre. Fin 1941, il fut nommé adjoint du général Catroux, commandant en chef au Levant et prit le commandement de brigades pendant la campagne de Libye où il organisa la défense de Bir Hakeim. En juin 1943, il devint chef d'état-major général des FFL et rejoignit le Corps expéditionnaire du général Juin. En août 1944, il participa au débarquement en Provence. Après la capitulation partielle de l'Allemagne, il prit encore possession de La Rochelle, Saint-Nazaire et Lorient. Pour des raisons imprécises et mal élucidées, le général de Larminat se suicida en juillet 1962

(Vichy)

Laval Pierre
(1883 -1945)

Pierre Laval, avocat de formation, fut l'une des personnalités phares du régime de Vichy. Se disant socialiste indépendant, il fut plusieurs fois ministre et Président du conseil sous divers gouvernements de la IIIe. Laval eut alors une grande influence politique au moment de la défaite de 1940. Partisan de l'armistice, il fut nommé ministre d'État du maréchal Pétain. Devenu vice-président du Conseil, il engagea très tôt l'État français dans une politique active de collaboration avec l'Allemagne. Cette attitude ainsi que de nombreuses inimitiés personnelles lui valurent d'être d'abord mis à l'écart en décembre 40. Arrêté, il fut libéré peu après sur l'intervention d'Otto Abetz, l'ambassadeur du Reich à Paris. Laval revint aux affaires en avril 1942. Se réservant les ministères clés, Laval dut cependant faire face aux exigences croissantes de l'Allemagne. Il relança la collaboration et répondit aux demandes allemandes en main-d'œuvre française. Laval inventa le système de la « relève » qui fut un échec, bientôt remplacé par le STO en février 1943. En 1944, sous la pression allemande se sentant déjà « aux abois », Laval dut accepter dans son ministère des collaborateurs extrémistes, tels Darnand ou Déat. À la veille de la capitulation, Laval s'enfuit en Espagne puis en Autriche où il fut arrêté. Rapatrié en France, il fut jugé et exécuté en octobre 1945.

(IIIe République)

Lebrun Albert
(1871-1950)

Albert Lebrun fit de brillantes études en terminant major de Polytechnique. Élu député en 1900, il fit pourtant une carrière sans éclats en étant trois fois ministre des Colonies. Homme discret et affable, il fut élu, à la mort de Paul Doumer, par la plus forte majorité qu'un Congrès ait jamais donnée à un président. Mais ce fut sous sa présidence que la France va connaître l'une des périodes les plus troubles de l'histoire récente de la France : plébiscite de la Sarre, scandale Stavisky, émeutes nationalistes de 1934, montée du Front populaire, grèves, dévaluations, montée du nazisme, guerre d'Espagne pour finir par une guerre mondiale. À l'époque des troubles de l'extrême droite, en 1934, il fit appel à Gaston Doumergue, sans grand succès. En 1936, il nomma Léon Blum dont il ne cautionnait pourtant pas le programme. En 1939, devant la montée des périls, il considéra de son devoir d'affronter les évènements et se représenta. Réélu président en 39/40, il se contenta d'un rôle effacé. C'est lui qui fit appel au maréchal Pétain pour former un ministère et signer l'armistice avec l'Allemagne. Albert Lebrun resta « légalement » président pendant toute la durée de la guerre. À la Libération, de Gaulle l'ignora et après avoir témoigné au procès du maréchal Pétain, Lebrun se retira en 1946. Il mourut dans une certaine indifférence quatre ans plus tard.

(Ve République)

Lecanuet Jean
(1920 -1993)

Agrégé de philosophie, Jean Lecanuet devint député MRP entre 1951 et 1955, puis sénateur entre 1959 et 1973, de la Seine-Maritime. Président national du MRP dans les années 60, il se présenta à l'élection présidentielle de décembre 1965, où il obtint 15,57 % des voix. En 1966, il fonda le Centre démocrate, qu'il présida jusqu'en 1976. Maire de Rouen à compter de 1968, député de la Seine-Maritime, il soutint la candidature de VGE à la Présidentielle de 1974. Après l'élection de celui-ci, il fut nommé Garde des Sceaux de 1974 à 1976, puis ministre d'État chargé du Plan et de l'Aménagement du territoire jusqu'en 1977. En mai 1976, le Centre Démocratie et Progrès de Jacques Duhamel et le Centre démocrate fusionnèrent en un nouveau parti : le Centre des démocrates sociaux (CDS), dont Jean Lecanuet devint le président. En février 1978, le CDS fit alliance avec le parti républicain et le parti radical au sein de l'Union pour la démocratie française (UDF), qu'il présida également. Réélu sénateur de la Seine-Maritime, il fut aussi député au Parlement européen de 1979 à 1988. Il quitta la présidence du CDS en 1982, pour se consacrer à celle de l'UDF, qu'il assuma jusqu'en 1988. Élu député de la Seine-Maritime en mars 1986, il retrouva son siège au Sénat, où il devint président de la Commission des Affaires étrangères.

(Résistance extérieure)

Leclerc Philippe
(1902 -1947)

Philippe de Hauteclocque était un authentique aristocrate élevé dans un milieu traditionaliste et patriote. Après Saint-Cyr, il sortit major de l'école de cavalerie de Saumur. Il se frotta au feu lors de diverses missions au Maroc. Blessé et arrêté durant la bataille de France, il s'échappa. Après bien des périples, il rejoignit Londres fin juillet 1940. En août sous le pseudo de « Leclerc », avec l'aide d'Hettier de Boislambert et de René Pleven, il parvint à rallier les pays d'Afrique équatoriale au sein de la France libre. Il rejoignit ensuite le Tchad. Avec sa « colonne », dotée de moyens dérisoires, son unité remporta en mars 1941 la première victoire au nom de la France libre contre l'Axe (une garnison italienne postée à Koufra, en Libye). Après des combats dans le Fezzan, il prit la tête d'une division blindée (la 2ème DB) sous commandement américain. Ce fut cette division qui libéra Paris en août 1944. Par la suite, Leclerc et ses hommes libérèrent Strasbourg, puis poussèrent jusqu'à Berchtesgaden. Plus tard, il représenta la France lors de la reddition du Japon en septembre 1945. Nommé chef du corps expéditionnaire en Extrême-Orient, il rétablit la souveraineté en Indochine tout en prônant l'autonomie. Nommé par la suite en Afrique du nord en tant qu'inspecteur général des forces terrestres, il mourut d'un accident d'avion en novembre 1947. Leclerc reçut alors le titre de Maréchal de France à titre posthume.

(Résistance extérieure)

Legentilhomme Paul
(1884 -1975)

Saint-Cyrien, Paul Legentilhomme débuta sa carrière au Tonkin. Fait prisonnier en août 1914 il ne fut rapatrié en France qu'en novembre 1918. Par la suite, il servit successivement en Indochine, dans le Tonkin et à Madagascar. Général de brigade, en 1938, il fut nommé commandant supérieur des troupes françaises en Côte des Somalis en 1939. S'étant rallié à de Gaulle, en 1940, il ne parvint toutefois pas à convaincre ce territoire de se rattacher à la France Libre. Nommé général de division en janvier 1941, il commanda les FFL au Soudan et en Érythrée, puis mit sur pied la Ire DLFL, qu'il commanda en Syrie, où il fut blessé en juin 1941. Commissaire national à la Guerre du CFLN, en septembre 1941, Paul Legentilhomme fut nommé Haut-commissaire de France dans l'Océan Indien et gouverneur de Madagascar en décembre 1942. Général de corps d'armée en mars 1943, commissaire à la Défense nationale en octobre 1943, il commanda la IIIe région militaire en juin 1944, puis succéda à Kœnig comme gouverneur militaire de Paris en juillet 1945. En 1947, il fut promu au grade de général d'armée. Sous la IVe, il fut conseiller militaire du ministre de la France d'Outre-mer en 1950 et conseiller technique de François Mitterrand. Par ailleurs, il fut membre de l'Assemblée de l'Union française sous l'étiquette UDSR de 1952 à 1958.

(Ve République)

Léotard François
(1942 – 2023)

Sorti de « Sciences-Po », puis de l'ENA François Léotard fut d'abord administrateur civil en 1973 et intégra des cabinets préfectoraux puis ministériels, notamment celui du ministre de l'Intérieur, Michel Poniatowski. Il entra dès lors en politique par sa double élection comme maire de Fréjus en 1977, et député du Var en 1978. Réélu parlementaire en 1981, il devint secrétaire général du nouveau Parti républicain en 1982, puis en prit la présidence. Fondant ce parti sur un modèle libéral, il se forgea une machine électorale au sein de l'UDF, permettant de concurrencer VGE et Raymond Barre, en prônant la rupture avec l'étatisme gaulliste et socialiste. Par la suite, il devint ministre lors des deux cohabitations présidentielles sous Mitterrand : de la Culture (1986-88) dans le gouvernement de Chirac, puis de la Défense (1993-95) dans le gouvernement Balladur. Mais des échecs électoraux et des ennuis judiciaires - condamnation en 2004 à dix mois de prison avec sursis pour blanchiment et financement illicite d'un parti - le fragilisèrent et l'éloignèrent de la politique. En 2021, il fut même condamné tardivement à deux ans de prison avec sursis et cent mille euros d'amende pour « complicité » d'abus de biens sociaux dans l'un des volets de l'affaire Karachi, portant sur la mise en place de rétro-commissions illégales destinées à financer la campagne présidentielle de 1995.

(IVe République)

Letourneau Jean
(1907 – 1986)

Licencié en droit, Jean Letourneau adhéra en 1933 au Parti démocrate populaire (PDP) dont il devint membre du comité directeur. En 1943, il entra dans la clandestinité et se rapprocha de Georges Bidault, président à l'époque du CNR. En 1944, Letourneau fut directeur de la presse au ministère de l'Information. Devenu membre du comité directeur du MRP dès sa création, il fut élu député de la Sarthe aux deux Assemblées constituantes. Puis réélu, en novembre 1946, député de la Sarthe à l'Assemblée nationale où il siégea jusqu'en 1956. Sous la IVe il fut plusieurs fois ministre. Notamment, en 1947, où il fut tour à tour ministre du Commerce, ministre de la Reconstruction et de l'Urbanisme, ministre de la France d'Outre-Mer. Par la suite, il occupa le poste de ministre d'État chargé des Relations avec les États associés de 1950 à 1953 sous de nombreux gouvernements. Il fut alors impliqué dans le scandale des piastres (écart substantiel entre le taux officiel de la piastre indochinoise et sa valeur réelle à Saïgon). Cette monnaie locale surévaluée permettait de relancer l'activité des grands domaines des colons en rendant profitables les exportations vers la métropole. Ce fut au moment où se termina la guerre d'Indochine que s'écrivit l'épilogue de ce scandale qui défrayait la chronique depuis novembre 1952. Letourneau se consacra ensuite aux affaires et se retira définitivement de la vie publique.

(IIIe République)

Loubet Émile
(1838 – 1929)

Avocat de formation, député républicain en 1876, Émile Loubet oeuvra, comme Gambetta et Ferry, pour une école primaire laïque, gratuite et obligatoire. Élu au Sénat en 1885, il fut d'abord ministre des Travaux publics en 1887. Plus tard, en 1892, on le retrouva à la fois Président du Conseil et ministre de l'Intérieur. Mais son mandat prit fin rapidement en raison du scandale de Panamá. En 1899, Loubet, de tendance gauche modérée, succéda à Sadi Carnot à la présidence de la république. Favorable à la révision du procès Dreyfus, il chargea Waldeck-Rousseau de former un gouvernement de concorde afin de régler ce dossier qui opposait les Français entre eux. De retour du bagne, Dreyfus fut à nouveau condamné. Mais en lui accordant une grâce présidentielle, Loubet consacra définitivement la victoire des Dreyfusards. En 1905, au beau milieu d'une violente controverse, toutes les relations entre l'État et les diverses Églises, catholiques, protestantes ou juives, furent rompues. Pourtant, le voyage à Paris du roi d'Italie Victor-Emmanuel, en octobre 1903, avait marqué un net rapprochement franco-italien, mais provoqué la colère du pape Pie X en raison de la politique laïque de la France. Loubet apaisa enfin les relations avec Londres en réglant le différend colonial par le traité d'Entente cordiale, conclu en avril 1904.

(Vichy)

Luchaire Jean
(1901 – 1946)

Jean Luchaire, d'abord homme de gauche fut un patron de presse partisan d'un rapprochement avec l'Allemagne. En 1933, malgré l'arrivée au pouvoir d'un Hitler aux discours menaçants, Luchaire continua de penser qu'une paix avec l'Allemagne nazie restait nécessaire et bienvenue. Ami de longue date d'Otto Abetz devenu ambassadeur du Reich à Paris, Luchaire devint le patron de presse en France dont l'Allemagne avait besoin. À compter de juin 1940, son journal - *les nouveaux temps* - devint un organe servile financé à la fois par Vichy et les Allemands. Dès lors, à partir de 1941 Luchaire devint un puissant patron de presse. Cynique, jouisseur et « d'une paresse incommensurable » selon son confrère Rebatet, il vécut là ses meilleures années de « collaborateur ». Mais a l'été 1944, il dut se réfugier, comme bien d'autres, à Sigmaringen, dans le Bade-Wurtemberg. En février 1945, la progression rapide des Alliés provoqua un vent de panique auprès de nombre de « collabos ». Luchaire gagna Merano, en Italie, mais fut finalement arrêté en mai 1945. Lors de son procès, il fut établi que ses écrits, articles, livres et autres activités ne cessèrent jamais de contribuer à la propagande de l'Allemagne nazie. Il fut donc condamné à mort, à la dégradation nationale et à la confiscation de ses biens, en janvier 1946. Luchaire fut fusillé un mois plus tard.

(Colonies)

Lyautey Hubert
(1854 – 1934)

Comme nombre de ses ancêtres, Hubert Lyautey se destina très tôt à la carrière militaire et entra à Saint-Cyr. Par la suite, il fut d'abord envoyé en Afrique du nord puis, en 1894, Lyautey quitta de nouveau la France pour le Tonkin puis pour Madagascar, en 1897, où il partit avec Gallieni. Devenu colonel, en 1900, Lyautey parvint à pacifier la région et à en favoriser le développement économique. En avril 1912, il devint le premier résident général de France au Maroc. Il donna là toute la mesure de son talent d'administrateur. Ayant pris rapidement une connaissance parfaite de la région, du terrain et des mœurs tribales, il fut soucieux de respecter la religion islamique dont il s'instruisit. Il sut s'attirer la confiance des élites locales, créant notamment les premières structures du Maroc moderne. Durant la Ière guerre mondiale, il quitta temporairement ses fonctions pour devenir, entre décembre 1916 et mars 1917, ministre de la Guerre dans le cabinet Briand. Après avoir regagné le Maroc, il fut fait, en 1921, maréchal de France. Mais l'hostilité du cartel des gauches lui ôta le commandement des troupes engagées contre la rébellion d'Abd-el-Krim pour les confier à Philippe Pétain, ce qui entraîna sa démission. Il rentra définitivement en France, en 1925. En 1961, sa dépouille fut ramenée en France pour être déposée aux Invalides.

(Ve République)

Malraux André
(1901 – 1976)

Passionné par la littérature contemporaine, l'art, et plus globalement la culture, André Malraux abandonna rapidement ses études pour travailler chez un libraire parisien. Doué dans ce domaine il devint, ensuite, le directeur littéraire des éditions du Sagittaire. Période où il côtoya Cocteau et d'autres écrivains en pleine ascension. Aventurier dans l'âme, Malraux partit ensuite en mission au Cambodge, où il se fit arrêter pour avoir participé à la contrebande d'œuvres khmères. Son principal ouvrage *« La Condition humaine »* reçut en 1933 le prix Goncourt. Il rejoignit Saïgon où il s'engagea contre la colonisation de l'Indochine. Ce fut le premier engagement d'une vie marquée par de nombreux combats politiques contre le fascisme. Malraux participa ainsi à la guerre civile espagnole, entre 1936 et 1937. Une expérience qui lui inspira son roman *« L'Espoir »*. Pendant la Seconde Guerre mondiale, André Malraux s'engagea en tant que tankeur en avril 1940. En 1944, il rejoignit un groupe de maquisards et fut arrêté par la gestapo. Son implication dans la Résistance lui valut de rencontrer de Gaulle, pour qui il voua une admiration sans faille. Il devint d'abord son ministre de l'Information. À compter de 1958, il devint ministre des Affaires culturelles, une fonction qu'il assuma pendant onze ans. En décembre 1964, il prononça un discours, resté célèbre, du transfert des cendres du héros résistant Jean Moulin au Panthéon. Lui-même fut panthéonisé en 1996.

(IIIe République)

Mandel Georges
(1885 – 1944)

Georges Mandel fut un homme politique important de la Troisième république. Il commença sa carrière en étant très proche de Clemenceau dont il fut le chef de cabinet, en 1917. Par la suite, Mandel fit une belle carrière ministérielle (ministre des PTT, ministre des Colonies, ministre de l'Intérieur). C'est à ce dernier poste qu'il se trouvait en juin 40. Opposé à l'armistice et à l'arrivée au pouvoir du maréchal Pétain, Mandel fut partisan de continuer la guerre. Inquiété, il parvint à gagner le Maroc, mais fut arrêté par les autorités pétainistes et ramené en France. Traduit devant la cour de Riom puis devant un tribunal d'exception, il fut condamné en novembre 1941 à la prison à vie. D'abord emprisonné au fort du Portalet, dans les Pyrénées, Mandel de confession juive (son vrai nom était Louis Rothschild) fut réclamé par les nazis. En novembre 1942, après l'occupation de la zone libre les Allemands attaquèrent le fort du Portalet et transférèrent Mandel à Paris, à la prison de la Santé. Déporté ensuite à Buchenwald avec Blum, il eut moins de chance que ce dernier, car il fut rapatrié en France à la prison de la Santé. D'abord pris en charge par la gestapo, celle-ci le confia à la Milice. Il fut assassiné d'une rafale de mitraillette dans la forêt de Fontainebleau en juillet 1944, moins de deux mois avant la Libération, en réponse à l'assassinat du ministre de la Propagande Philippe Henriot par la Résistance, fin juin 1944.

(Ve République)

Marcellin Raymond
(1914 – 2004)

Docteur en droit, Raymond Marcellin s'engagea d'abord au sein du régime de Vichy puis devint résistant. Revendiquant un « anticommunisme absolu », il se lança en politique dès 1945. En août 1946, il rejoignit l'Union gaulliste fondée par René Capitant puis à partir de 1948, présida le groupe « Union démocratique des indépendants » rassemblant des députés proches du RPF. Il devint alors plusieurs fois sous-secrétaire d'État, et secrétaire d'État sous la IVe République. En 1951, il adhéra au Centre national des indépendants et paysans, (CNIP) dont il fut le secrétaire général. Plusieurs fois ministre sous la Ve République, il soutint le gouvernement de Pompidou et provoqua, au côté de VGE, une scission au sein du CNIP aboutissant à la création des Républicains indépendants. Au ministère de l'Intérieur, qu'il assuma sous trois ministères, il reçu de Georges Pompidou la mission de remettre de l'ordre après les troubles créés par les événements de « mai 1968 ». Régulièrement ministre de l'intérieur de 1968 à 1974, il dissous alors tous les groupes extrémistes, de droite ou de gauche. Marcellin fut alors plusieurs fois croqué par les caricaturistes sous les traits d'un CRS, en raison de ses démêlés avec les mouvements gauchistes, consécutifs aux événements de mai 68. Sous la Ve République, il fut également ministre de la Santé entre 1962 et 1966, ministre de l'Industrie entre 1966 et 1967 et termina sa carrière ministérielle en 1974 à l'Agriculture.

(Ve République)

Marchais Georges
(1920 – 1997)

Mécanicien ajusteur, Georges Marchais commença sa carrière comme syndicaliste CGT. Engagé au parti communiste en 1947, il devint secrétaire de la fédération Seine-Sud, en même temps qu'il entra au comité central. Trois ans plus tard, il devint membre du bureau politique. Devenu secrétaire général adjoint à partir de 1970, il succéda, en 1972, à Waldeck Rochet. Peu connu des Français, il se révéla progressivement à la faveur de ses truculentes prestations télévisées. Son action politique s'exerça autant dans une phase d'ouverture, que symbolisa la signature en 1972 du Programme commun de gouvernement avec les socialistes, que dans la phase de fermeture, qui trouva son apogée à la fin des années 1970. Il mena alors une virulente campagne à l'élection présidentielle de 1981. Son relatif échec (15% des voix) fut en partie rattrapé par l'entrée au gouvernement, quelques semaines plus tard, de quatre ministres communistes. Malgré un léger gain de voix aux élections législatives suivantes, le Parti communiste ne profita pas de cette situation pour reconquérir son électorat perdu. L'échec du PCF aux élections européennes de 1984 marqua le début de la fin pour les communistes français. Ponctuées d'échéances électorales confirmant le déclin du PCF, traversé en Europe par de rapides évolutions (perestroïka, chute du mur de Berlin, fin de l'URSS), le PCF ne parvint plus à rallier sur son nom des résultats significatifs et finit par se marginaliser.

(IVe République)

Marie André
(1897 - 1974)

Après des études de droit, André Marie commença une carrière d'avocat avant d'adhérer au Parti radical-socialiste. Il devint d'abord député et commença une carrière de sous-secrétaire d'État dès 1933. Au début de la Seconde Guerre mondiale, il reprit du service comme capitaine d'artillerie. Fait prisonnier en 1940, il fut libéré dès 1941 et entra dans la Résistance. Arrêté en septembre 1943, il fut déporté à Buchenwald. Après la guerre, il siégea sans discontinuer au Palais-Bourbon d'octobre 1945 à novembre 1962. Durant cette période, il assuma de nombreuses responsabilités gouvernementales : Garde des Sceaux en 1947, chef du gouvernement à l'été 1948, vice-président du Conseil dans le second cabinet Schuman et dans le cabinet Queuille. Par la suite, il tomba malade et réduisit son activité jusqu'en août 1951. À cette date, il redevint ministre de l'Éducation nationale au moment où se discutait la loi « Barangé » sur les subventions aux écoles libres. Il conserva ce poste jusqu'en juin 1954. Deux ans plus tard, il rompit avec Pierre Mendès France, patron du Parti radical, et fonda un groupe radical dissident. Réélu en 1958, il resta à la fois hostile au pouvoir personnel de de Gaulle et partisan de l'Algérie française. Marie fut battu aux élections de novembre 1962, ce qui marqua la fin de sa carrière politique au plan national. André Marie laissa le souvenir d'une figure typique du radical-socialisme de l'époque.

(IVe République)

Martinaud-Deplat Léon
(1899 - 1969)

D'abord avocat, Martinaud-Déplat commença une carrière politique comme secrétaire général du Comité exécutif du Parti radical-socialiste en 1929. Élu député de Paris, en 1932, il fut nommé, en 1939, directeur de la Presse au haut-commissariat à l'Information. À ce titre il devint le responsable de la censure des journaux de l'époque. Après l'intermède de la guerre, de la résistance et du gouvernement provisoire, où l'on perdit un peu sa trace, il refit apparition en 1948 en devenant président administratif du parti radical-socialiste. Par la suite, il redevint député des Bouches-du-Rhône de 1951 à 1955 et ce fut durant cette période que l'on refit appel à lui. Il fut ainsi plusieurs fois ministre de la Justice entre 1952 et 1953 puis ministre de l'Intérieur entre 1953 et 1954. Dans ces deux fonctions, l'action de Martinaud-Déplat fut à l'époque assez controversée. Il s'évertua notamment à lutter contre le Parti communiste qui était sorti du « tripartisme » de l'après-guerre. Ainsi, en juillet 1953, la police attaqua un cortège du Parti communiste et de la CGT, tuant au passage sept personnes, en blessant de nombreuses autres. Martinaud entretenait également des liens étroits avec un lobby ultra-colonialiste sévissant au Maroc qui était alors un protectorat français. Notamment au moment où une frange de ce lobby se lança dans des actions violentes incluant des assassinats politiques.

(Résistance extérieure)

Massigli René
(1888 – 1988)

Agrégé d'histoire, ancien élève de Normale-Sup, René Massigli connut une riche carrière dans la diplomatie française jusqu'en 1956. Entre les deux guerres, il se spécialisa dans les questions de la SDN. Anti-nazi, il fut d'abord mis en disponibilité par le gouvernement de Vichy. Il se trouva alors dans une situation ambiguë. Ayant à la fois ses entrées à Vichy, où il faisait figure plutôt d'opposant, laissant libre cours surtout à sa germanophobie, mais gardant nettement ses distances avec la Résistance. Convaincu de la défaite inéluctable de l'Allemagne nazie, Massigli finit par choisir son camp. Pierre Brossolette lui transmit une invitation du général de Gaulle, sur la recommandation de Jean Moulin, à rejoindre la France libre. Après quelques hésitations il accepta de rallier Londres début 1943. Il devint alors commissaire aux Affaires étrangères successivement dans le CNF à Londres, dans le CFLN et dans le GPRF à Alger puis à Paris entre juin et septembre 1944. De 1944 à 1954, il fut ambassadeur à Londres et prit position dans les débats sur la guerre froide et la construction européenne. Massigli prônait notamment le maintien d'une forte relation franco-britannique tout en se montrant hostile aux solutions d'Europe fédérale recherchée par Jean Monnet. Il termina sa carrière comme Secrétaire général aux Affaires étrangères.

(Guerre d'Algérie)

Massu Jacques
(1908 – 2002)

Jacques Massu intégra Saint-Cyr à vingt ans. Officier d'infanterie coloniale, il servit au Maroc, au Togo et au Tchad. Français libre, il commanda le 2e bataillon du régiment de marche du Tchad, en 1943, puis participa à toutes les campagnes de la 2e DB de Leclerc jusqu'à Hanoï où il fut commandant d'armes, en 1946. Chef de commandos parachutistes de 1947 à 1949, général de brigade en juin 1955, il dirigea les parachutistes de l'expédition avortée de Suez en novembre 1956 avant que la IVe République le nomme commandant militaire du département d'Alger et abandonne à sa division les pouvoirs intérieurs de police, en janvier 1957. Alors que le gouvernement refusait de parler de guerre, la bataille d'Alger en 1957, se voulut un contre-terrorisme. Le bilan des opérations de maintien de l'ordre à Alger apparut d'ailleurs comme un succès, puisque les chefs du FLN furent arrêtés et que nombre d'armes et de munitions furent saisies. Mais, avec plus de trois mille disparus (un chiffre malgré tout contesté), les procédés utilisés par l'armée française furent rapidement dénoncés, en France et à l'étranger. En mai 58, Massu fut porté à la présidence du Comité de salut public algérois. Pour régler la question de fond sur place, il fut de ceux qui appelèrent au retour de de Gaulle. Déçu lui aussi par les décisions politiques prises par ce dernier en 1959 il ne cautionna cependant pas le putsch des généraux.

(Ve République)

Mauroy Pierre
(1928 – 2013)

Engagé très tôt à la SFIO, Pierre Mauroy en devint le secrétaire général adjoint en 1966, puis l'un des membres les plus influents du PS né lors du congrès d'Épinay de 1971 remplaçant la vieille SFIO. En 1973, il devint maire de Lille et député. Également responsable de la puissante fédération socialiste du Nord, il devint de facto le n° 2 du PS. Nommé porte-parole de Mitterrand pour la campagne présidentielle de 1980, il fut son Premier ministre après la victoire de ce dernier en 1981. Mauroy appliqua les promesses de campagne de Mitterrand, dont la retraite à soixante ans. Après des résultats économiques peu probants, il mit en œuvre le « tournant de la rigueur », incarné par le ministre des Finances Jacques Delors, afin de maîtriser les finances de l'État et les problèmes économiques. En juillet 1984, Mitterrand décida de le remplacer par Laurent Fabius. En mai 1988, il devint premier secrétaire du Parti socialiste contre l'avis de Mitterrand, qui soutenait la candidature de Laurent Fabius. Reconduit après le congrès de Rennes de 1990, très mouvementé, il quitta ses fonctions en juillet 1992. Pierre Mauroy dirigea alors l'Internationale socialiste de 1992 à 1999. Élu encore sénateur dans le département du Nord puis réélu en 2001. À cette date, il passa le flambeau de la mairie de Lille à Martine Aubry.

(IIIe République)

Maurras Charles
(1868 – 1952)

Poète et écrivain, Charles Maurras fut tout au long de sa vie le maître à penser de « *l'Action Française*» et transforma cette revue née de **l'affaire Dreyfus** en un quotidien de grande audience couplé à un mouvement politique de masse. Nationalistes par-dessus tout, ce mouvement et son chef se convertirent au monarchisme et même à un catholicisme sans foi par une argumentation spécieuse faisant de la tradition le meilleur rempart de la France contre l'adversité. Quand éclata la guerre, en 1914, Maurras s'engagea cependant dans **l'Union sacrée**, sa haine de l'Allemagne étant plus forte que son aversion pour la République. Au lendemain de la victoire, l'Action Française bénéficiait alors d'un prestige certain. Son journal tirait à près de 100 000 exemplaires. Mais le pape Pie XI, inquiet de l'influence pernicieuse de ce païen sur les intellectuels catholiques le mit à l'index en 1926. Maurras fut alors rejoint par de nouveaux intellectuels antisémites, irréligieux et hostiles à la République tels Brasillach et Rebatet. Ils attendaient de lui qu'il s'empare du pouvoir, à l'identique d'Hitler. Mais ses tergiversations lors des **émeutes de février 1934** et sa détestation des nazis vont l'isoler. Esseulé, Maurras conserva cependant une grande influence intellectuelle qui lui valut d'être élu en 1938 à l'Académie française.

(IVe République)

Mayer Daniel
(1909 – 1996)

Né dans un milieu modeste Daniel Mayer adhéra à la Ligue des droits de l'homme et au Parti socialiste SFIO dès 1927. D'abord journaliste, il fut responsable de la rubrique sociale du « Populaire » de 1933 à 1939. Reconstructeur du Parti socialiste clandestin en zone sud, il fut l'agent de liaison de Léon Blum, alors emprisonné par l'État français. Les missions de Daniel Mayer contribuèrent à ce que le CNR de Jean Moulin comportât des délégués de tous les partis politiques. Après la guerre, il siégea à l'Assemblée consultative puis dans les deux Assemblées constituantes de 1944 à 1946. Ministre du Travail et de la Sécurité sociale dans le cabinet Blum de 1946, il garda le portefeuille des Affaires sociales ou celui du Travail près de trois ans dans les ministères Ramadier, Schuman, Marie et Queuille, affirmant une vraie stabilité ministérielle. Il dut affronter les grèves quasi insurrectionnelles de 1947, avec plus de 23 millions de jours de grève contre 374 000 en 1946. Il releva alors le salaire minimum, accorda des augmentations dans le secteur public ainsi qu'une modification de la grille indiciaire. Il présida ensuite la commission des Affaires étrangères de l'AN de 1953 à 1957 et contribua à ce poste au rejet de la CED. Il fut ensuite nommé Président de la Ligue des droits de l'homme de 1958 à 1975.

(IVe République)

Mayer René
(1895 – 1972)

Juriste et d'ascendance juive, René Mayer fut un homme d'affaires avant la guerre. Mobilisé en 1939, il dirigea à Londres une mission de l'armement avant de devenir membre du CFLN à Alger, puis ministre des Transports du général de Gaulle. Après la Libération, il devint député radical de Constantine en Algérie, de 1946 jusqu'en 1955. Il défendit notamment les intérêts des colons. Entre 1947 et 1952, il fut plusieurs fois ministre des Finances et des affaires économiques, de la Défense nationale et de la Justice. En 1950, alors ministre de la Justice, il fit libérer Xavier Vallat, ancien commissaire aux questions juives sous le régime de Vichy. René Mayer fut président du Conseil des ministres entre janvier et juin 1953. Son ministère tomba sur une demande de pouvoirs spéciaux en matière financière. Il avait résumé ses idées en une formule : « *La vocation de la France est triple : européenne, atlantique et mondiale* ». Par la suite, ce fut lui qui fit tomber le gouvernement de Mendès-France en février 1955 quand ce dernier tenta de faire attribuer un statut particulier aux Algériens musulmans. René Mayer acheva sa carrière en succédant, en juin 1955, à Jean Monnet comme président de la CECA. Sa nomination constitua bien un acte politique, car certains gaullistes s'opposaient à celle de Monnet jugé trop supra national.

(IVe République)

Mendès-France Pierre
(1907 – 1982)

Pierre Mendès France milita très tôt dans les mouvements d'extrême gauche antifascistes du Quartier Latin. Député en 1932, il était alors un radical-socialiste convaincu. Durant la guerre, Mendès France fut arrêté et condamné par le régime de Vichy. Il s'évada et parvint à rejoindre la Résistance à Londres en juin 1941 où il servit comme aviateur. Au lendemain de la guerre, Mendès France fut membre du conseil d'administration du FMI, puis délégué pour la France au Conseil économique et social de l'ONU, jusqu'en 1951. De 1954 à 1955, il devint à la fois Président du conseil et ministre des Affaires étrangères, peu de temps mais suffisamment longtemps pour laisser son empreinte et permettre à la France d'amorcer sa décolonisation. Le pays lui doit notamment la paix en Indochine, des négociations sur le point d'aboutir en Tunisie (avec le discours de Carthage où l'autonomie interne fut accordée aux Tunisiens), ouvrant la voie à l'indépendance des pays du Maghreb. Mais il buta comme tout le personnel de la IVe sur le cas sensible de l'Algérie et quitta ses fonctions au début de l'année 1955. Malgré son statut d'opposant à de Gaulle, il perdit peu à peu son influence au sein de la gauche française au profit de Mitterrand. En 1969, il s'associa avec Gaston Defferre pour représenter le PS à l'élection présidentielle, mais ce fut un échec.

(Résistance intérieure)

Menthon François de
(1900 – 1984)

Agrégé de droit, François de Menthon était professeur d'économie politique lorsqu'il adhéra au MRP. Dès novembre 1940, il rentra dans la Résistance. Professeur à Lyon de 1940 à 1942, il fut révoqué par Vichy et placé en résidence surveillée. Il prit alors le maquis et fonda le Comité général d'études auprès du CNR. En 1943, il rejoignit Londres, puis Alger. À la Libération, François de Menthon devint ministre de la Justice dans le GPRF de septembre 1944 jusqu'au 8 mai 1945. Il s'occupa entre autres du procès du maréchal Pétain, de la condamnation de Maurras à la prison à vie et de l'épuration de certains fonctionnaires du régime de Vichy. À l'époque, il fut critiqué par les communistes et les socialistes, favorables à une épuration massive des anticommunistes et pour avoir épargné certains agents importants (René Bousquet). Puis, il fut nommé par le général de Gaulle, procureur au tribunal de Nuremberg. Compagnon de la Libération, il cofonda avec Georges Bidault le MRP. De juin à décembre 1946, il fut encore ministre de l'Économie nationale dans le Gouvernement de ce dernier. Il se consacra par la suite à la cause européenne et devint président de l'Assemblée du Conseil de l'Europe en 1952. Ses positions antigaullistes l'empêchèrent par la suite de redevenir ministre. De Menthon resta député de la Savoie de 1946 à 1958.

(Ve République)

Messmer Pierre
(1916 – 2007)

Breveté de l'École nationale de la France d'outre-mer, diplômé de l'École des langues orientales, Pierre Messmer obtint son doctorat en droit en 1939. Il fut également membre des « Camelots du roi », à cette époque branche militante de l'Action Française. Il s'engagea très tôt dans le gaullisme. Ainsi, il rejoignit les « Forces françaises libres » à Londres dès 1940, participa à la libération de Paris, puis fut partie prenante dans la guerre d'Indochine. Entre 1952 et 1959, il occupa en Afrique plusieurs postes de Gouverneur puis de Haut-commissaire, avant d'être nommé ministre des Armées, entre 1960 et 1969. Député de la Moselle, pendant 20 ans, de 1968 à 1998, il représentait le parfait représentant du gaullisme originel « orthodoxe ». Ministre des départements et territoires d'outre-mer, entre 1971 et 1972, il remplaça Jacques Chaban-Delmas au poste de Premier ministre sous la présidence de Pompidou. Il resta en poste jusqu'à l'élection de VGE en 1974. Face à la crise de l'énergie, Messmer établit un vaste programme nucléaire et assura la mise en place de la réforme régionale. Président du conseil régional de Lorraine de 1978 à 1980, député européen de 1979 à 1984, il fut élu chancelier de l'Institut de France en 1998. Admis à l'Académie française, en 1999, il écrivit quelques livres souvenirs de sa période militaire.

(IVe République)

Michelet Edmond
(1899 – 1970)

Edmond Michelet grandit dans une ardente foi catholique. Il présida la Jeunesse catholique du Béarn, et milita à « l'Action Française » jusqu'en 1928 puis pour le catholicisme social. En 1930, il devint président de la Jeunesse catholique de la Corrèze. En juin 1940, il dénonça rapidement l'esprit de capitulation ambiant, appelant la population à se rebeller. Chef du mouvement de Résistance « Combat » en Limousin, il fut arrêté en février 1943 à Brive-la-Gaillarde par la gestapo. Déporté quelques mois plus tard à Dachau, il y resta près de deux ans. De retour en France, Edmond Michelet se lança en politique. Élu député de la Corrèze sous l'étiquette MRP, en 1945, Edmond Michelet devint ministre des Armées du général de Gaulle en novembre 1945, poste qu'il occupa jusqu'en décembre 1946. Réélu député, il adhéra par la suite au RPF dont il devint l'un des principaux dirigeants. Il occupa par la suite, sous la Ve République, le prestigieux poste ministériel de Garde des Sceaux de janvier 1959 à août 1961, date à laquelle le Premier ministre Michel Debré, mécontent de son opposition à la répression menée par Maurice Papon contre le FLN et les Algériens de Paris, obtint son remplacement. À compter de mars 1962, Michelet devint membre du Conseil constitutionnel qu'il quitta en mars 67 pour redevenir ministre d'État, chargé de la Fonction Publique de 1967 à 1968.

(IIIe République)

Millerand Alexandre
(1859 – 1943)

Alexandre Millerand fut d'abord un homme de gauche. Il fut le premier socialiste à participer à un ministère bourgeois, en 1899. Ministre du Commerce, de l'Industrie et du Travail, il mit en place une Direction du travail et contribua à faire réduire la durée quotidienne de travail de douze à dix heures. Par la suite, il fut ministre des Travaux publics puis de la Guerre jusqu'en 1913. Après la guerre, rallié à la droite, il s'affirma comme l'un des chefs de la coalition du « Bloc national ». Président du Conseil, en 1920, il fut l'artisan de la répression du vaste mouvement de grève qui secoua à l'époque le pays et l'initiateur de l'occupation de Francfort (*l'Allemagne paiera…*) et de l'intervention militaire en Pologne contre la Russie soviétique. Élu à la tête de la République, en 1920, Millerand tenta de rehausser le prestige de la fonction présidentielle. En 1922, il renvoya Aristide Briand, qui faisait selon lui de trop importantes concessions économiques à l'Angleterre, et soutint Raymond Poincaré lors de l'occupation militaire française de la Ruhr, en 1923. Envisageant de proposer une révision de la Constitution, en vue de renforcer les pouvoirs du président, il se heurta au cartel des gauches, sorti victorieux des élections de 1924. Contraint de se retirer, il fut alors élu sénateur de 1925 à 1940, mais ne joua plus, dès lors, qu'un rôle secondaire.

(Ve République)

Mitterrand François
(1916 – 1996)

Issu d'une famille catholique, François Mitterrand fit d'abord des études de droit et de sciences politiques. Mobilisé en 1939, il fut fait prisonnier en Allemagne. Réussissant à s'échapper en 1941, il regagna la France et mena alors une double vie à la fois dans la Résistance et à Vichy. Démissionnaire en 1943 du commissariat au reclassement des prisonniers, il entra dans la clandestinité et se mit (provisoirement) au service de la résistance gaulliste. Après-guerre, il se lança en politique. Député de la Nièvre sous la IVe République, il fit alors une première carrière de 1947 à 1957 et fut ainsi plusieurs fois ministre (notamment de l'Intérieur et de la Justice) durant cette période. Très opposé aux idées gaullistes, il fut battu aux législatives de 1958 mais fut élu en 1959 maire de Château-Chinon puis sénateur de la Nièvre. Il organisa alors un « faux » attentat à Paris pour faire remonter sa cote de popularité. Réélu député en novembre 1962, il devint président du Conseil général de la Nièvre deux ans plus tard. En 1965, il se présenta aux élections présidentielles, mais fut battu honorablement par le général de Gaulle. Aux présidentielles de 1969, qui suivirent les manifestations de 68 et le départ anticipé de de Gaulle un an plus tard, il ne se représenta pas, considérant que la gauche n'était pas prête. Il chercha alors à rassembler cette dernière. Lors du Congrès d'Épinay, en 1971, il parvint à réunir la

Convention des Institutions Républicaines et le Parti socialiste, et occupa alors le poste de premier secrétaire du nouveau « Parti socialiste ». Bien qu'il soit devenu l'homme fort de la gauche, il échoua une nouvelle fois à l'élection présidentielle anticipée de 1974, battu de peu par Valéry Giscard d'Estaing, représentant du centre droit en France. Par la suite, des dissensions se firent sentir entre les socialistes et les communistes. Bien que ce fût sans l'appui de ces derniers qu'il se présenta à l'élection présidentielle de 1981, il fut enfin élu en mai 1981 et nomma quelques ministres communistes à des fonctions ministérielles secondaires. Devant des résultats économiques décevants, les socialistes perdirent les Législatives de mai 1986. Ce qui occasionna une première cohabitation avec la droite gaulliste (Chirac Ier ministre). Mais lors de la Présidentielle de 1988, Mitterrand, considéré comme non responsable d'une situation économique, toujours aussi peu engageante, fut réélu Président assez largement (54% contre 46% pour Chirac). Aux législatives de 1993, la Gauche perdit de nouveau les élections et ce fut cette fois-ci le gaulliste Édouard Balladur qui cohabita de 1993 à 1995. Mitterrand, atteint d'un cancer de la prostate, termina son mandat mais ne se représenta pas à la Présidentielle de 1995. De sa double présidence, certains ont retenu des mesures sociétales et sociales : abolition de la peine de mort, semaine des 39 heures, cinquième semaine de congés payés, instauration du RMI, retraite à 60 ans… La fin de son deuxième septennat fut assombrie par un certain nombre de scandales financiers et d'affaires : suicide de certains proches (Grossouvre et Bérégovoy), sabotage du « Rainbow Warrior » navire de l'ONG Greenpeace, à l'époque opposée aux essais nucléaires français.

(IVe République)

Moch Jules
(1893 – 1985)

Major de sa promotion à Polytechnique et ingénieur de la marine, Jules Moch fut député socialiste de la Drôme puis de l'Hérault sous trois républiques différentes. Avant la guerre, il fit partie des deux gouvernements de Blum, notamment comme ministre des Travaux publics en 1938. Il fut l'un des « 80 » à refuser l'investiture de Pétain, en 1940 et fut arrêté car de confession juive. Il milita ensuite dans « *Combat* » avant de rallier les Forces navales françaises libres. Sitôt démobilisé, il participa pendant six ans (de novembre 1945 à juillet 1951) à tous les ministères de la IVe République. Sous celle-ci, il fut ministre des Travaux publics et des Transports, ministre de l'Intérieur puis ministre de la Défense nationale. Il présida à la reconstruction des chemins de fer, ports, routes, marine marchande et aviation civile. Vice-président du Conseil d'octobre 1949 à février 1950, Jules Moch fut chargé de moderniser l'armée et de mettre en œuvre le Pacte Atlantique. Par la suite, il fut rapporteur du projet de loi sur la CED et fut nommé, en 1952, délégué de la France à la Commission du désarmement. Plus tard, Moch refusa de siéger de nouveau à un gouvernement et ne fit qu'une brève exception, en mai 1958 comme ministre de l'Intérieur. Anticommuniste notoire, il démissionna du parti socialiste en 1975 après l'accord d'union de la gauche, prôné par François Mitterrand.

(IVe République)

Mollet Guy
(1905 – 1975)

Membre de la SFIO depuis 1923, résistant, Guy Mollet fut secrétaire général de son parti de 1946 à 1969. Député du Pas-de-Calais et maire d'Arras à partir de 1945, il fut plusieurs fois ministre sous la IVe. Son gouvernement réalisa quelques réformes sociales, et accorda une certaine autonomie aux territoires d'outre-mer (loi-cadre Defferre de 1956). À la même époque, il s'allia à Mendès France pour donner naissance au Front républicain. Président du Conseil entre 1956 et 1957, il dut faire face à de grandes difficultés en Algérie, où il adopta plutôt des solutions répressives sans résoudre la question de fond. À l'automne 1956, Mollet associa la France à la Grande-Bretagne et à Israël contre l'Égypte lors de l'expédition consécutive à la nationalisation de la Compagnie du canal de Suez par le dirigeant égyptien Gamal Nasser. Cette politique fut un échec retentissant, du fait de l'opposition conjointe de l'URSS et des E-U. En mars 1957, ses ministres Christian Pineau et Maurice Faure signèrent les traités instituant la CEE. Après le retour au pouvoir en 1958 du général de Gaulle, Mollet prolongea sa carrière en intégrant brièvement le gouvernement jusqu'en 1959. Il ne tarda cependant pas à rejoindre l'opposition et fut l'un des fondateurs de la Fédération des Gauches, en 1965. Ses détracteurs désignèrent « molletisme » les discours de gauche associés à certains compromis avec la droite.

(IVe République)

Monnerville Gaston
(1897 – 1991)

Né à Cayenne, (en Guyane) Gaston Monnerville quitta son territoire en 1912 afin de poursuivre ses études en France. Comme avocat, il se fit connaître en faisant acquitter à Nantes 14 Guyanais accusés sans preuves du meurtre d'un homme d'affaires. Cette réussite lui valut d'être élu député radical de la Guyane en 1932. En 1937, il entra au gouvernement comme sous-secrétaire d'État aux Colonies et fit fermer le bagne de Cayenne. Combattant volontaire, en 1939, puis engagé dans la Résistance, Monnerville fut chargé, à la Libération, de préparer la départementalisation de quatre colonies (Guadeloupe, Martinique, Guyane, Réunion) qui aboutit en 1946. Par la suite, il fut élu représentant de la Guyane au Conseil National de la République en 1946. Il en devint le président l'année suivante : une « première » pour un Afro-descendant. Réélu dans le Lot, en 1948, il fut maintenu président de la Haute-Assemblée. Monnerville resta alors président du Sénat durant 21 ans, jusqu'en 1968. Dès 1962, il s'opposa au projet d'élection du président de la République au suffrage universel et prononça même à cette occasion le mot de « forfaiture ». En 1972, au moment de la scission du parti radical, Monnerville, qui continuait à siéger au Sénat, devint radical de gauche. En 1974, il fut nommé au conseil constitutionnel où il siégea neuf ans, s'abstenant dès lors de toute prise de position politique.

(IVe République)

Monnet Jean
(1888 – 1979)

À la sortie de la guerre, un certain nombre d'hommes furent persuadés que face à la confrontation larvée qui s'ouvrait entre les États-Unis et l'URSS, l'Europe « supranationale » constituait la seule solution pour que cette dernière ne soit pas anéantie au plan économique, politique et militaire. Jean Monnet fût probablement le plus actif de ces hommes dans le souci de faire émerger une Europe fédérale. Ses diverses attributions, jusqu'en 1946 et dans ce sens, avaient déjà été fort nombreuses : Secrétaire général adjoint de la SDN dès 1919, concepteur d'un projet de rapprochement politico-économique entre la France et l'Angleterre au début de 1940, il fut également partie prenante dans le programme d'armement des États-Unis contre les puissances de l'Axe et premier commissaire général au plan, en 1946. Jean Monnet aurait pu s'en tenir là, mais la situation internationale précitée le conduisit à se lancer dans l'aventure européenne. De 1952 à 1955, il présida la Haute-Autorité de la CECA, première entité européenne à voir le jour, puis, en octobre 1955, il fonda le « Comité d'action pour les États-Unis d'Europe », un groupe de pression (privé) rassemblant des responsables européens syndicaux et politiques. Bien que la CEE qui vit le jour en mars 1957 ne constitua pas l'Europe Fédérale qu'il préconisait, Jean Monnet, fut donc reconnu comme l'un des « pères fondateurs de l'Europe ».

(Ve République)

Monory René
(1923 – 2009)

De formation modeste, René Monory en reprenant le garage de son père devint rapidement un homme d'affaires avisé et efficace. Entreprenant, il se lança par la suite en politique en devenant maire de Loudun en 1959, mandat qu'il conserva jusqu'en 1999. Élu conseiller général de la Vienne en 1961, puis sénateur centriste en 1968, il fut également président du Conseil général de son département, de 1977 à 2004. Au début des années 1980, il créa un parc européen de l'image : le Futuroscope, ouvert en 1987 près de Poitiers. Vers la fin des années 1970, Monory mena une carrière politique au niveau national. Remarqué par Raymond Barre, alors Premier ministre, il devint d'abord son ministre de l'Industrie en 1977, puis son ministre de l'Économie et des Finances jusqu'en 1978. Il occupa par la suite le ministère de l'Éducation nationale (1986-1988) dans le gouvernement de cohabitation Chirac. En octobre 1992 Monory fut élu président du Sénat au second tour de scrutin, après avoir devancé au premier tour le gaulliste Charles Pasqua, desservi par son côté clivant et son opposition au traité de Maastricht. Il se représenta à la présidence du Sénat en 1998, mais fut battu par un autre gaulliste Christian Poncelet. Après avoir longtemps porté les couleurs de l'UDF, dont il était vice-président, Il rejoignit l'UMP lors de sa fondation en 2002 et quitta le Sénat à la fin de son mandat, en 2004.

(IVe République)

Morice André
(1900 – 1990)

André Morice mena de front une carrière politique et une activité de chef d'entreprise. Mobilisé en 1939, il fut fait prisonnier et libéré par les Allemands en 1943. Élu député radical en 1945 grâce à un rapprochement entre les partis de gauche, il dut faire face aux accusations de collaboration économique, car son entreprise avait travaillé à la construction du « mur de l'Atlantique ». Morice prit une dimension nationale avec la fin du tripartisme en 1947. Après la formation de la « Troisième force», les radicaux-socialistes devinrent l'un des partis charnières, ce qui lui permit d'être de tous les gouvernements successifs jusqu'en juin 1953. Après 1955 au sein du parti radical, il appartint au courant opposé à celui situé plus à gauche des mendésistes. Leurs oppositions portaient notamment sur la politique coloniale et sur l'Europe. André Morice voulait maintenir le système colonial en cours et l'unification européenne. Il fut mis en minorité lorsque Mendès France prit la direction du parti. Ayant rompu avec le Parti radical, il devint encore ministre de la Défense en 1957 et fit construire un barrage électrifié entre la Tunisie et l'Algérie. Cette ligne « Morice » fit resurgir l'affaire de 1943. Jacques Duclos le déclarant comme « *spécialiste des fortifications de guerre* ». L'avènement de la Ve République, à laquelle il était hostile, et son choix de l'Algérie française, l'écartèrent des responsabilités.

(Résistance intérieure)

Moulin Jean
(1899 – 1943)

Licencié en droit, Jean Moulin fut d'abord sous-préfet, chef du cabinet ministériel, puis le plus jeune préfet de France en 1937. Dès le début de la guerre, il demanda à combattre pour la France, mais l'administration le maintint à son poste. Bientôt repéré par les nazis pour refuser de signer certains documents, il fut révoqué par le gouvernement de Vichy en novembre 1940. Devenu résistant, il se rendit à Londres pour rencontrer le général de Gaulle, en 1941. Très vite, ce dernier lui confia la tâche d'unifier la Résistance dans le sud de la France. Avec méthode, Moulin tenta de rallier les différents mouvements de résistance entre eux. Après avoir créé l'Armée secrète (AS), il mit en place différents services : parachutage, information, presse, transmissions, comité général d'études, noyautage des administrations publiques… Doté d'une forte personnalité, Jean Moulin parvint à réunir les trois grands mouvements de résistance français : « Combat », « Franc-Tireur » et « Libération-Sud ». Il les rassembla au sein des « Mouvements-Unis de résistance » (MUR). Toujours sous l'égide de de Gaulle, il mit également en place le Conseil national de la Résistance (CNR). Il en prit la présidence suscitant au passage quelques jalousies. Trahi très vraisemblablement par René Hardy lors d'une réunion secrète, il fut arrêté en juin 1943, torturé et assassiné en juillet 43 par la gestapo. Jean Moulin fut panthéonisé en 1964.

(Résistance extérieure)

Muselier Émile
(1882 – 1965)

Entré à l'École navale en 1899, Émile Muselier fit d'abord la campagne de Chine, entre 1902 et 1905. Durant la Grande Guerre, il commanda les fusiliers marins sur l'Yser, puis l'artillerie de marine en Champagne, avant d'être attaché aux cabinets de Painlevé et de Clemenceau, puis chef d'état-major de la délégation du contrôle naval en Allemagne. Quand débuta la Seconde Guerre mondiale, il était vice-amiral. Il fut l'un des tout premiers gradés (avec Catroux) à rejoindre de Gaulle à Londres. Créateur des Forces navales françaises libres, se distinguant de celles de Vichy, il fit adopter la croix de Lorraine (en souvenir de son père d'origine lorraine), qui devint, l'emblème de toute la France Libre. Nommé ensuite commissaire à la Marine du CNF, il dirigea notamment l'expédition qui vit le ralliement de Saint-Pierre-et-Miquelon, en 1941. En désaccords fréquents avec le général de Gaulle, ce dernier finit par le relever de son commandement. Il tenta alors de dresser les Anglais contre de Gaulle, mais dut finalement se soumettre. Soutien de Giraud à Alger, il revint à Paris en septembre 1944 et fut le chef de la délégation navale à la mission militaire pour les affaires allemandes. Par la suite, Muselier tenta sa chance aux élections législatives de 1946 en tant que vice-président du Rassemblement des Gauches Républicaines, avant de se reconvertir comme ingénieur-conseil dans le privé jusqu'en 1960.

(Colonies)

Navarre Henri
(1898 – 1983)

Ce fut en mai 1953 que fut nommé le général Henri Navarre au poste de commandant en chef des forces françaises en Indochine. Cette nomination se fit en remplacement du général Salan dont on pensait à l'époque qu'il était trop impliqué pour en finir « honorablement » avec cette guerre. Henri Navarre venait d'être élevé au grade de général de corps d'armée après avoir servi un peu partout, au Maghreb et en Allemagne notamment. On lui assigna la tâche d'obtenir un dernier succès militaire pour permettre aux « politiques » de se présenter en position de force à la future conférence internationale afin de régler le sort final de l'Indochine. Dans le cadre de cette opération Navarre choisit d'investir une cuvette (Dien Bien Phu situé dans le haut Tonkin) pour y installer un camp retranché destiné à prévenir les attaques du vietminh contre le Laos voisin, alors sous contrôle français. Persuadé du bien-fondé de sa stratégie, Navarre estima qu'en se positionnant ainsi, il allait attirer l'armée vietminh qu'il devrait vaincre grâce à une bonne préparation à subir un état de siège. Sur le terrain, cette tactique s'avéra malheureuse, Dien Bien Phu s'avérant une nasse pour des Français, rapidement en mal de ravitaillement. Navarre, démis de son commandement, publia un livre en 1956 dans lequel il donna sa version des évènements.

(Guerre 14-18)

Nivelle Georges
(1856 – 1924)

Diplômé de l'École polytechnique en 1878, Georges Nivelle servit d'abord en Indochine, en Algérie et en Chine comme officier d'artillerie, avant d'être promu général de brigade en octobre 1914, peu après le début de la Première Guerre mondiale. En mai 1916, il remplaça d'abord le général Pétain à la tête de la IIe armée à Verdun. Malgré quelques revers initiaux, il parvint à reprendre, après de très durs combats, quelques points importants, notamment le Fort de Douaumont en octobre 1916. Sur la base de ces succès, il parvint à convaincre les autorités politiques et les « Alliés » qu'il était l'homme de la situation. Il obtint alors les pleins pouvoirs en décembre 1916 (en remplacement de Joffre, jugé trop statique). C'est lui qui lança la célèbre offensive, du « Chemin des Dames », en avril 1917. Les Allemands, qui semblent-ils avaient eu vent de cette offensive frontale, purent faire face aux assauts réitérés des troupes alliées. Tout ceci se matérialisa par une véritable hécatombe (350 000 tués) pour un gain de terrain insignifiant. Cette offensive aveugle et sanglante fut à l'origine des grandes mutineries de soldats de mai 1917 et du remplacement en catastrophe de Nivelle par Pétain. Désavoué sur le terrain, tant pour ses méthodes que pour ses résultats, Nivelle fut néanmoins nommé commandant des troupes françaises d'Afrique du Nord en décembre 1917. Il prit sa retraite, en 1921, pour décéder trois ans plus tard, à l'âge de 68 ans.

(Vichy)

Noguès Charles
(1876 – 1971)

Sorti de Polytechnique, Charles Noguès accomplit la plus grande partie de sa carrière en Afrique du Nord où, dès 1912, il servit Lyautey. En 1924, il prit part à la campagne du Rif. En 1940, alors qu'il commandait le théâtre d'opérations d'Afrique du Nord, il conditionna la poursuite de son combat au statut, dans les clauses de l'armistice, de l'Afrique du Nord. Or, celles-ci ne touchant ni à la « Flotte », ni à l'Empire, ses velléités de résistance s'éteignirent. Il choisit alors le légalisme à Vichy et condamna la désobéissance gaulliste. « Résident général » au Maroc quand les G.I débarquèrent en Afrique du Nord en novembre 1942, Noguès considéra de son devoir de défendre Rabat et les principales villes côtières marocaines. Ce combat dura trois jours à l'issue desquels un cessez-le-feu fut conclu. 1 350 soldats français furent tués. Tant que les chefs de Noguès (Darlan puis Giraud) continuèrent d'être les vrais interlocuteurs des Américains, il put conserver sa fonction de Résident général. Par la suite, lorsque le général de Gaulle rallia Alger et devint le chef de la France Libre en Afrique du Nord, sa position devint intenable. Il démissionna en juin 1943 et se réfugia au Portugal. Condamné à mort par contumace, en 1947, il se constitua prisonnier, mais ne purgea pas sa peine notamment en raison de l'aide qu'il apporta à la France pour régler le problème du retour au Maroc du sultan Mohammed V.

(Ve République)

Ortoli François-Xavier
(1925 – 2007)

Né à Hanoï, en Indochine, François-Xavier Ortoli participa à la résistance clandestine qui s'y déroula pendant la Seconde Guerre mondiale. Après avoir étudié le droit à Hanoï, il s'installa en France et entra à l'ENA en 1947. Sorti diplômé, il occupa ensuite plusieurs postes dans différents gouvernements français sous la IVe puis sous la Ve République. Directeur de cabinet du Premier ministre Pompidou, en 1962, il devint commissaire général au Plan en 1966, ministre de l'Équipement et du Logement en 1967, puis après un bref passage à l'Éducation Nationale pendant les événements de mai 1968, il devint ministre de l'Économie et des Finances la même année. L'année suivante, il fut enfin nommé ministre du Développement industriel et scientifique. Sa carrière s'inscrivit dès lors au niveau européen. En janvier 1973, il devint président de la Commission des Communautés européennes. Son mandat fit marqué par l'agitation sociale qui régnait alors en Europe (crise chypriote, choc pétrolier et entrée de trois nouveaux États membres dont le R.U). À la fin de sa présidence, en 1977, il devint Commissaire chargé des affaires économiques et monétaires. Il fut à ce titre l'un des principaux artisans du S. M. E et de l'écu, la monnaie ancêtre de l'euro. Lorsqu'il quitta ce poste, en 1984, il fut nommé PDG de la Compagnie Française des Pétroles, jusqu'en 1990.

(IIIe République)

Painlevé Paul
(1863 – 1933)

Mathématicien (travaux portant principalement sur la mécanique et les équations différentielles), Paul Painlevé était ancien élève de l'École normale supérieure. Il enseigna notamment à l'École polytechnique. Membre de l'Académie des Sciences à 37 ans, il s'intéressa par la suite à la politique et siégea au Parlement, comme républicain socialiste. En 1915, Painlevé devint ministre de l'Instruction publique dans le cabinet Briand. Par la suite, durant la guerre, il fut investi comme « Président du Conseil » en septembre 1917. En regard des difficultés rencontrées par l'armée française, il dut subir les attaques virulentes de Clemenceau jusqu'à lui céder le poste en novembre. Aux élections législatives de mai 1924, la victoire du « cartel des gauches » consacra l'échec de la politique de Raymond Poincaré qui, pour imposer que l'Allemagne paye ses dettes, avait fait occuper la Ruhr. Radicaux et socialistes s'entendirent également pour obliger à la démission du président de la République Alexandre Millerand. Painlevé fut alors Président de la Chambre, puis Président du Conseil en 1925. Il resta ensuite, entre 1926 et 1929, à la tête du ministère des Armées sous Briand, Herriot et Poincaré. Il fut, également, à l'origine de la construction de la ligne Maginot. Pour terminer, il fut ministre de l'Air dans les cabinets Steeg, Herriot et Paul-Boncour, entre 1931 et 1933.

(Résistance intérieure)

Parodi Alexandre
(1901 – 1979)

Alexandre Parodi était haut fonctionnaire quand débuta la guerre de 39-40. Opposé à Pétain il fut révoqué par Vichy, mais put travailler au Conseil d'État désormais installé dans le Puy de Dôme. À compter de 1942, il se rendit en Haute-Savoie et fonda, sous l'égide de Jean Moulin un « Comité des experts » qui devint fin 1943, le Comité Général d'Études (CGE). Alexandre Parodi y étudiait alors les réformes judiciaires à prévoir après la libération. Dès l'été 1943, à la suite d'une opération de la gestapo à Paris où furent saisis des documents du CGE, Alexandre Parodi fut contraint de passer dans la clandestinité. Il prit part à la création du comité financier de la Résistance (COFI). En mars 1944, il remplaça Jacques Bingen au poste de délégué général du Comité Français de la Libération Nationale (CFLN) et devint ainsi le chef de l'administration clandestine, chargé de mettre en place les futurs cadres de la libération (commissaires de la République, préfets…). En août 1944, Parodi fut élevé au rang de ministre des territoires libérés et prit ses fonctions à Paris au moment où débuta l'insurrection dans la capitale. Il mit alors toutes les forces de la résistance parisienne sous les ordres du colonel Rol-Tanguy. De septembre 1944 à novembre 1945, il fut ministre du Travail et de la Sécurité sociale. Nommé conseiller d'État en décembre 1945, Alexandre Parodi entama alors une grande carrière diplomatique.

(Ve République)

Pasqua Charles
(1927 – 2015)

Engagé à 16 ans dans la Résistance, gaulliste convaincu, Charles Pasqua adhéra dès 1947 au RPF créé la même année par le général de Gaulle. Il fit d'abord une carrière de cadre dirigeant dans la société Pernod-Ricard. Devenu l'une des pièces maîtresses de l'équipe chiraquienne dans les années 80, Charles Pasqua devint ministre de l'Intérieur en 1986-1988. Il occupa de nouveau cette fonction en 1993-1995 dans le gouvernement d'Édouard Balladur. Pilier par ailleurs des Hauts-de-Seine, département qu'il présida de 1973 à 1976 et de 1988 à 2004, ancien député et ancien sénateur, il se fit souffler la mairie de Neuilly-sur-Seine en 1983 par Nicolas Sarkozy. Il « claqua » la porte du RPR en 1999, parti qu'il jugeait trop européen, pour fonder et présider un temps le Rassemblement pour la France (RPF), parti souverainiste, à la tête duquel, associé (brièvement) à Philippe de Villiers, il fit un meilleur score que la liste RPR-DL de Nicolas Sarkozy. Pasqua mit un terme à sa carrière politique, en 2011, une carrière marquée en outre par des ennuis avec la justice liés à ses activités au sein de services d'ordre parallèles, à ses réseaux africains et à divers démêlés judiciaires. Cité dans près d'une dizaine d'affaires, il fut condamné définitivement en 2010 (uniquement à du sursis) dans deux dossiers (financement illégal de sa campagne européenne de 1999, et affaire de détournements de fonds au préjudice d'une société).

(IIIe République)

Paul Marcel
(1900 – 1982)

Pupille de l'Assistance publique, Marcel Paul, électricien de formation, adhéra à la CGTU et au Parti communiste en 1923. Dès lors, il ne cessa jamais de militer au plan politique et surtout syndical. En 1939, après la signature du pacte germano-soviétique, il fut exclu de la direction de la Fédération de l'éclairage. En 1940, fait prisonnier, il s'évada deux fois et rejoignit la Bretagne. Il coordonna alors l'action résistante dans treize départements de l'Ouest. En 1945, il reprit la direction de l'intersyndicale et de la Fédération nationale de l'électricité. Ce fut en novembre 1945 que le général de Gaulle le nomma ministre de la Production industrielle. Très actif, Marcel Paul fut au premier rang du combat pour le relèvement économique de la France. Il agit alors dans le droit fil des propos de Maurice Thorez, secrétaire général du PCF, qui déclarait, en 1945, aux mineurs : « *Produire, produire, et encore produire... c'est aujourd'hui la forme la plus élevée de votre devoir de classe, de votre devoir de Français* ». Dès lors, la grande œuvre de Marcel Paul fut la nationalisation du gaz et de l'électricité, en 1946. Ce dernier conserva son portefeuille dans les gouvernements suivants jusqu'en novembre 1946. Mais après que le « tripartisme » eut éclaté, il devint député de la Haute-Vienne puis reprit la tête de la fédération CGT de l'éclairage, fonction qu'il occupa jusqu'en 1966.

(IIIe République)

Pelletan Camille
(1846 – 1915)

Camille Pelletan était un érudit diplômé de l'École des Chartes. Mais il ne tarda pas à abandonner les archives pour le journalisme engagé. Il entra très tôt dans le combat politique parmi les opposants du Second Empire. Ses attaques virulentes et argumentées dans de nombreux articles de journaux le désignèrent rapidement comme un ténor de l'opposition. Radical intransigeant, il affronta sans relâche les « opportunistes » qu'étaient Gambetta, Ferry et parfois Waldeck-Rousseau. Fondateur du journal « la Justice », au côté de Clemenceau, il mit sa plume et son mandat de député - élu sans interruption de 1881 à 1912 – au service de ses idéaux, militant contre Boulanger et pour Dreyfus. Devenu peu à peu un spécialiste reconnu des questions financières, coloniales et de la politique des transports, le président Combes le nomma ministre de la marine. À ce poste, il bouscula les amiraux de tradition monarchiste et étonna les observateurs tant par sa volonté affirmée de réduire l'influence de la hiérarchie militaire que par sa décision de limiter le programme de construction de grands navires. Dirigeant éminent du nouveau Parti radical-socialiste, il fut l'un des principaux artisans de la loi de séparation des Églises et de l'État, en 1905, notamment par le rapprochement qu'il organisa entre radicaux et socialistes.

(Vichy)

Pétain Philippe
(1856 – 1951)

Dès lors que Philippe Pétain fut considéré faire partie des généraux ayant emmené la France à la victoire finale dans la Grande Guerre, son nom resta longtemps empreint de prestige. De plus, il demeura dans l'actualité à divers titres (en lutte contre Abd-el-Krim en 1925 ; ministre de la Guerre en 1934 ; ambassadeur à Madrid en 1939). Confronté à la catastrophe militaire de juin 1940, le personnel politique en place pensa à cette légende vivante pour prendre les rênes du pays à 84 ans ! Pétain demanda alors un armistice qui fut de fait un grand soulagement pour une population civile en pleine débandade. Dès lors, doté des pleins pouvoirs, replié à Vichy, Pétain mit en premier sa popularité au service d'abord d'une simple cohabitation avec l'occupant. Mais progressivement le vieux soldat s'engagea dans des compromissions de plus en plus douteuses. Ainsi ne fit-il rien pour empêcher les troupes françaises d'Afrique du Nord de résister au débarquement anglo-saxon de novembre 1942. Il ne s'opposa pas à la création de la « Milice », en janvier 1943, et couvrit la politique ouvertement antisémite du gouvernement. À la Libération, après un procès où il resta mutique, ses compromissions lui valurent d'être condamné à mort. Gracié en considération de son âge et de son passé, il finit ses jours en prison, à l'île d'Yeu, jusqu'à l'âge avancé de 95 ans.

(Ve République)

Peyrefitte Alain
(1925 – 1999)

Brillant élève (École normale supérieure, doctorat en lettres, ENA) Alain Peyrefitte commença sa carrière dans la diplomatie, notamment en Allemagne fédérale et en Pologne. Par la suite, gaulliste de conviction, il se lança en politique en étant élu, puis réélu député de Seine-et-Marne dans toutes les « législatures » de la Ve République, de 1958 à 1993. Il devint également maire de Provins à partir de 1965, pendant trente-deux ans, jusqu'à mars 1997. Au plan ministériel, il fut d'abord secrétaire d'État puis ministre de l'Information de décembre 1962 à janvier 1966. Nommé ensuite ministre de la Recherche scientifique et des Questions atomiques et spatiales en 1966-1967 puis ministre de l'Éducation nationale en 1967-1968. De 1968 à 1972, il devint président de la Commission des Affaires culturelles et sociales de l'Assemblée nationale. Parallèlement, il devint (de 1972 à 1973) secrétaire général de l'UDR qui avait succédé à l'UNR. En mars 1973, il fut encore ministre des Réformes administratives et du Plan. Puis , un an plus tard, ministre des Affaires culturelles et de l'Environnement. En mars 1977, il devint ministre de la Justice, et le resta jusqu'en mai 1981. Alain Peyrefitte fut également chargé de missions de réflexion sur divers problèmes de société, à propos notamment de la participation et de la décentralisation. Écrivain également talentueux, il fut élu à l'Académie française en 1977.

(Vichy)

Peyrouton Marcel
(1887 – 1983)

Marcel Peyrouton, docteur en droit, commença sa carrière comme fonctionnaire dans les colonies (Madagascar, Cameroun, Togo et Afrique du Nord). De 1933 à 1936, il fut Résident général en Tunisie, puis au Maroc. De 1936 à 1940, il devint ambassadeur de France en Argentine puis en Roumanie. Appelé par Vichy, en juillet 1940, au secrétariat général du ministère de l'Intérieur, il devint ministre de l'Intérieur en septembre 1940. Il appliqua alors, sans sourciller, les lois discriminatoires antijuives. Par ambition personnelle, Peyrouton fut de ceux qui firent alors pression sur Pétain pour disgracier Laval. Ce fut même lui qui le fit arrêter, mais Laval disposait du soutien d'Otto Abetz, ambassadeur allemand à Paris. Sous le gouvernement Darlan, qui se méfiait de cet opportuniste, Peyrouton redevint ambassadeur en Argentine. Après l'assassinat de Darlan, Peyrouton se mit à la disposition du général Giraud. Séduit par le personnage, il (re)devint gouverneur militaire de l'Algérie tout en s'employant alors à mener une politique hostile à la France combattante. Finalement, les gaullistes s'imposant aux giraudistes, il fut arrêté en décembre 1943. Il fit alors 5 ans de préventive et sortit en 1948 mais fut acquitté par la Haute-cour de Justice en décembre 1948.

(IVe République)

Pflimlin Pierre

(1907 – 2000)

Docteur en droit, avocat en 1933, puis magistrat en 1941, Pierre Pflimlin entra en politique en 1945 comme député du Bas-Rhin à l'Assemblée constituante et maire de Strasbourg. Démocrate-chrétien, il fut régulièrement réélu jusqu'en 1962, sous l'étiquette MRP, parti qu'il présida de 1956 à 1959. Sous la IVe Pierre Pflimlin commença une carrière ministérielle en 1946 comme sous-secrétaire d'État à la Population. Ministre de l'Agriculture de 1947 à 1951, ministre du Commerce en 1952. Il fut également ministre des Finances et des Affaires économiques de 1955 à 1958 avant de devenir lui-même Président du Conseil en mai 1958 dans des conditions particulièrement tendues. Ce fut lui en effet qui, pour tenter de résoudre la question algérienne, passa le relais au général de Gaulle. Quant à l'Europe et la réconciliation franco-allemande, Pflimlin en fut le promoteur infatigable, au côté notamment de Robert Schuman qu'il s'efforça d'aider en plusieurs circonstances. Par exemple durant la crise de la CED, avant le vote négatif du Parlement français, fin août 1954, il tenta un ultime compromis auprès de Pierre Mendès France, alors chef du gouvernement. Sous la Ve République, il fut brièvement ministre de la Coopération en 1962. Mais lui et ses amis du MRP se retirèrent lorsqu'ils comprirent qu'ils ne pourraient pas infléchir les positions fondamentales du général en matière européenne.

(IVe République)

Philip André
(1902 – 1970)

Docteur en économie, agrégé de l'enseignement supérieur en 1926, André Philip fut d'abord professeur d'économie. Adhérent très jeune à la SFIO, il fut élu député en 1936 au moment de la victoire du Front populaire. Il préconisait alors une rupture avec la politique de déflation du gouvernement sortant, tout en étant réservé sur l'idée d'une relance par le déficit budgétaire. Faisant partie des 80 députés qui refusèrent les pleins pouvoirs au maréchal Pétain, en 1940, il devint durant l'Occupation l'une des figures marquantes de la Résistance. Durant le GPRF, il fut ministre de l'Économie et des finances entre janvier et juin 46 puis entre décembre 46 et janvier 47. Il défendait alors le principe du retour à l'équilibre des comptes publics et la nécessité de lutter contre l'inflation. Il décida de réduire les dépenses de l'État de 17 %. Convaincu que la justice sociale était d'autant plus accessible que l'économie favorisait la croissance, il assigna à l'État la mission d'orienter l'activité économique. C'est dans cette logique qu'il créa, en 1946, l'Institut national de la statistique et des études économiques (Insee) et la Compagnie française d'assurance pour le commerce extérieur (Coface), afin de favoriser le développement des exportations. Faisant voter la nationalisation du secteur de l'énergie (gaz, électricité, charbonnage), il défendit l'autonomie de gestion de ces entreprises dans un cadre défini par l'État.

(Affaire Dreyfus)

Picquart Georges
(1854 – 1914)

Marie-Georges Picquart fut tout d'abord un brillant officier sorti second de l'école d'état-major. En 1895, il fut promu chef du deuxième bureau, service en charge des renseignements militaires, au grade de colonel. Préalablement à sa nomination, et sur dénonciation du commandant Henry, le capitaine Dreyfus avait été initialement désigné comme coupable d'intelligence avec l'ennemi allemand. Mais le colonel Picquart découvrit en mars 1896 un morceau de papier déchiré, « un petit bleu », d'un attaché militaire allemand à l'adresse personnelle d'un autre officier français, Ferdinand Esterhazy. Picquart s'aperçut que l'écriture d'Esterhazy était identique à celle du bordereau, qui avait accusé Dreyfus. Il en informa sa hiérarchie qui refusa de se renier et qui l'envoya en Tunisie pour qu'il se taise. Cependant, comme l'affaire continuait d'évoluer, Georges Picquart fit certaines déclarations afin de communiquer les preuves dont il disposait. Il fut alors chassé de l'armée, en février 1898, et emprisonné pendant près d'un an. Ce ne fut que bien plus tard, en 1906, qu'il fut réhabilité et promu général de brigade. Trois mois plus tard il fut même nommé ministre de la Guerre dans le 1er gouvernement de Clemenceau (octobre 1906 - juillet 1909) mais mourut à la veille de la Première Guerre mondiale, des suites d'une chute de cheval.

(IVe République)

Pinay Antoine
(1891 – 1994)

Antoine Pinay eut deux surnoms, « *l'homme au petit chapeau* » et « *le sage de Saint-Chamond* » (commune dont il fut maire de 1929 à 1977 !!). Dans les deux cas, ces épithètes montrèrent à quel point il fut considéré à son époque comme anti-technocrate, proche des gens et pétri de bon sens. Bien qu'il vécu longtemps, sa carrière politique nationale fut assez brève. Sous la « Quatrième », il fut principalement député et présida le Centre national des indépendants et paysans en 1953, puis le groupe des indépendants et paysans d'action sociale entre 1956 et 1958. Il ne fut « Président du Conseil » que dix mois de mars 1952 à janvier 1953, mais son passage est resté célèbre par l'emprunt qui a porté son nom (gagé sur l'or) dont les titres devaient être exempts d'impôt sur le revenu et de droits de mutation jusqu'en 1973, dite rente Pinay. Son action lui permit également de maîtriser (provisoirement) l'inflation. Sous la Ve République, il fut ministre des Finances du général de Gaulle et resta en poste jusqu'en janvier 1960, période durant laquelle il lança un second emprunt et présida au passage du nouveau franc. Cependant, de par son parcours, Pinay restait un homme de la « Quatrième », refusant l'évolution des institutions vers l'hyperprésidentialisation du régime. Après 1960, il se retira de la vie politique nationale tout en cultivant son image de « sage » de la République.

(IVe République)

Pineau Christian
(1904 – 1995)

Christian Pineau exerça diverses fonctions dans la banque, milita à la CGT, dont il devint secrétaire du conseil économique, et lança le journal Banque et Bourse, en 1937. Il fonda, dès l'armistice, un journal clandestin et le mouvement Libération-nord qui prit de l'importance grâce à ses réseaux syndicalistes. Arrêté par la gestapo en mai 1943, il fut déporté à Buchenwald. Rentré à Paris en mai 1945, il fut élu député SFIO de la Sarthe de 1946 à 1958. En mai 1945, sous le gouvernement provisoire, il devint ministre du Ravitaillement. Sous la IVe République, il fut ministre de façon continue de novembre 1947 à février 1950. Il développa la marine marchande, créa le conseil supérieur des transports, améliora le statut des fonctionnaires et fut à l'origine de la création d'Air France. Au sein de la SFIO, dont il avait intégré le comité directeur en 1951, il fut un soutien indéfectible du secrétaire général Guy Mollet. En février 1955, il fut même désigné comme Président du Conseil, mais le gouvernement qu'il constitua ne fut pas investi par l'Assemblée nationale. Pineau paya en la circonstance son engagement très pro-européen et notamment sa défense acharnée de la CED. De février 1956 à mai 1958, il fut cette fois-ci ministre des Affaires étrangères et participa à la mise en œuvre de l'expédition (ratée) de Suez, ainsi qu'à la signature du protocole d'indépendance de la Tunisie en mars 1956.

(Ve République)

Pisani Edgar
(1918 – 2016)

Issu d'une famille maltaise d'origine italienne, Edgar Pisani s'engagea durant la guerre dans la Résistance. Fait prisonnier, il s'évada et participa à la prise de la préfecture de police de Paris en août 1944. Ses actions lui valurent de nombreuses distinctions, (Croix de guerre, Médaille de la résistance française, Chevalier de la Légion d'honneur). Par la suite, il se lança en politique. Initialement de sensibilité de gauche, il s'inscrivit d'abord au groupe du Rassemblement des gauches républicaines. Ses idées assez novatrices firent qu'il se fit remarquer au sein même des rangs gaullistes. En 1961, il fut nommé ministre de l'Agriculture. Considérant que la PAC européenne était une opportunité pour les agriculteurs français, il entendit bien les préparer à ce tournant majeur. Après bien des réunions avec le monde syndical agricole emmené par la FNSEA, il parvint à la faire voter. Pisani resta cinq ans à ce ministère (jusqu'en 1966). Il fut ensuite élu député, maire de Montreuil-Bellay dans le Maine-et-Loire et devint ministre de l'équipement en 1966. Commissaire européen sous François Mitterrand, de 1981 à 1985, il poursuivit son action politique à gauche en étant nommé Haut-commissaire de la République en Nouvelle-Calédonie en 1984. Il acheva ses missions pour l'État en tant que président de l'Institut du Monde Arabe, en 1988 et devint membre du Conseil Économique et Social en 1992.

(Ve République)

Pléven René
(1901 – 1993)

Docteur en Droit, diplômé de Sciences-Po, René Pléven commença sa carrière comme Directeur Général pour l'Europe d'une société américaine de téléphone. Mobilisé dans l'Armée de l'Air comme sergent de réserve, il fut nommé par Jean Monnet chef adjoint de la Mission de l'Air Française pour les commandes d'armement aux Etats-Unis. Par la suite, il se rallia au général de Gaulle dès juin 1940 et joua alors un rôle capital par son action personnelle pour le ralliement du Tchad à la France Libre. À la création du CNF, il fut nommé commissaire à l'Économie. Gros travailleur, il était le principal homme de confiance du général de Gaulle. À la Libération, il occupa d'abord les fonctions de ministre des Finances et de l'Économie mais il quitta ses fonctions en janvier 1946, après la démission de de Gaulle. Après la guerre, il entama une seconde carrière politique longue et impressionnante. Député des Côtes-du-Nord de 1945 à 1973, sous l'étiquette UDSR, il fut nommé ministre de la Défense Nationale, d'abord en 1949, puis de nouveau entre 1952 et 1954. Il fut également Président du Conseil à deux reprises en juillet 1950 puis en août 1951. Après le retour du général de Gaulle, il devint son ministre des Affaires Étrangères de 1958 à 1969 et Garde des Sceaux entre 1969 et 1973. René Pleven occupa par la suite de hautes et nombreuses fonctions dans la région Bretagne.

(Ve République)

Poher Alain
(1909 – 1996)

Ingénieur des mines, licencié en droit, diplômé de Sciences-Po, Alain Poher entama d'abord une carrière de haut fonctionnaire au ministère des Finances. Après-guerre, il fut d'abord élu maire d'Ablon dès 1945, avant de présider plus tard l'Association des maires de France de 1977 à 1983. C'est sur l'incitation de Robert Schuman qu'il se présenta aux élections du nouveau « Conseil de la République », né de la Constitution de 1946. Il se présenta en Seine-et-Oise, sous l'étiquette du MRP, correspondant à sa sensibilité de démocrate-chrétien et fut élu de 1946 à 1948. Réélu en 1952, il conserva son siège pendant 43 ans ! Il participa dès ses débuts à la construction européenne et ne cessa d'œuvrer pour la réalisation d'un idéal qu'il partageait avec Robert Schuman et Jean Monnet. Titulaire d'un mandat européen de 1952 à 1978, il siégea à l'assemblée parlementaire de la CECA, puis à celle des communautés européennes. Suite à la modification de la Constitution, il devint Président du Sénat durant 24 ans de 1968 à 1992. Ce fut durant cette période qu'il assura, en tant que deuxième personnage de l'État l'intérim de la présidence de la République, en 1968 après la démission du général de Gaulle et en 1974, après le décès brutal de Georges Pompidou. Alain Poher fut également élu Président du Parlement européen de 1966 à 1969. Il acheva son mandat en 1995 et décéda un an plus tard.

(IIIe République)

Poincaré Raymond
(1860 – 1934)

Bien qu'avocat de formation, Raymond Poincaré se fît rapidement un nom en tant que spécialiste des Finances publiques, la rigueur semblant être une vertu familiale (père polytechnicien, cousin célèbre mathématicien). Plusieurs fois ministre, notamment des Finances, en 1894 et 1913, il fut nommé Président de la République française, de février 1913 à février 1920. Poincaré se montra alors l'un des personnages majeurs de la Première Guerre mondiale, conflit durant lequel il n'hésita pas à appeler en 1917 (avec subtilité) son vieil « ennemi » Georges Clemenceau à la présidence du Conseil. Après son mandat présidentiel, Poincaré fut à nouveau Président du Conseil de 1922 à 1924 et de 1926 à 1929. Quand il fut rappelé en 1926, ce fut surtout comme expert financier reconnu. À l'époque, une crise monétaire handicapait le pays et la politique inflationniste du « cartel des gauches » avait rendu frileux le patronat. Poincaré mit en œuvre une politique d'austérité ou de rigueur selon le point de vue de chacun (augmentation des impôts, compression des dépenses publiques, stimulation des exportations par la dévaluation du franc) qui le rendit impopulaire, mais qui rétablit la confiance dans les milieux financiers et industriels. Lorsqu'en 1929, malade et âgé, il quitta le pouvoir, la monnaie s'était enfin stabilisée et le franc « Poincaré » avait remplacé le franc « germinal ».

(Ve République)

Pompidou Georges
(1911 - 1974)

Très brillant étudiant (élève à Louis-le-Grand, reçu premier à l'agrégation de lettres en 1934 et diplômé de Sciences-Po) Georges Pompidou enseigna d'abord au Lycée Henri IV à Paris. Dès septembre 1944, il entra au cabinet du général de Gaulle, alors président du Gouvernement provisoire. Sans adhérer au RPF, créé par le général en 1947, il resta proche des milieux gaullistes. Durant cette période, Georges Pompidou fit partie du cercle restreint des proches du général. En 1953, il entra à la banque Rothschild où il occupa rapidement les fonctions de directeur général et d'administrateur de nombreuses sociétés. L'année 1958 fut celle du retour du général de Gaulle au pouvoir et de Georges Pompidou aux affaires politiques. Dans un contexte troublé et dominé par la question algérienne, le général fit appel à lui pour diriger son cabinet de juin 1958 à janvier 1959. Il eut alors un rôle décisif dans le processus de décolonisation. Membre du Conseil constitutionnel en 1959, il profita également de cette période pour rédiger une « *Anthologie de la poésie française* ». Après l'approbation des Accords d'Évian par référendum en avril 1962, le général de Gaulle le nomma Premier ministre à la place de Michel Debré. L'année 1962 fut marquée par la réforme de l'élection directe du président de la République. De Gaulle le renomma aussitôt dans ses fonctions, comme il le fit après son élection aux présidentielles de 1965.

Les années 1962 à 1968 furent, en politique internationale, guidées par le principe gaullien de grandeur et d'indépendance de la France. Sur le plan intérieur, elles furent marquées par un réel essor économique permettant d'importantes réformes de structure. La crise de 1968 vint ébranler la République. Depuis Matignon, Georges Pompidou la géra au quotidien, misa sur des mesures d'apaisement, engagea les négociations de Grenelle et préconisa de dissoudre l'Assemblée Nationale. Les élections législatives de juin 1968 furent un grand succès pour les gaullistes. En juillet 1968, Georges Pompidou fut remplacé par le diplomate Maurice Couve de Murville. Après son retrait, Pompidou attendit son heure. L'échec du référendum sur les réformes du Sénat et des régions entraîna le départ instantané du général de Gaulle et l'organisation de nouvelles élections présidentielles. Georges Pompidou fut élu avec 58% des suffrages exprimés face au centriste Alain Poher. Georges Pompidou s'installa à l'Élysée en juin 1969. Reprenant la lecture gaullienne de la Constitution, il affirma la prééminence présidentielle et choisit comme Premier ministre Jacques Chaban-Delmas, personnalité éminente du gaullisme et ancien président de l'Assemblée Nationale. Celui-ci resta durant trois années à la tête du gouvernement, avant de démissionner en juillet 1972 à la suite de tensions relatives à son projet de «nouvelle société» et au partage du pouvoir au sein de l'exécutif. Le gaulliste Pierre Messmer, ancien ministre des Armées de de Gaulle, fut alors appelé par Georges Pompidou à Matignon. Après les élections gagnantes de 1973, Messmer resta Premier ministre malgré les progrès électoraux d'une gauche réorganisée depuis l'adoption du Programme commun de 1972. Pompidou resta Président jusqu'en 1974, date où il décéda de la maladie de Waldenström (cancer hématologique), un mal diagnostiqué à la fin des années 1960.

(Ve République)

Poniatowski Michel
(1922 – 2002)

Descendant d'un illustre maréchal de Napoléon, Michel Poniatowski fit d'abord partie de l'une des premières promotions de l'ENA. Directeur de cabinet de Pierre Pflimlin, Président du Conseil sous la IVe République, il devint en 1959 directeur de cabinet du secrétaire d'État Valéry Giscard d'Estaing. Sur place, il devint progressivement l'un des rouages majeurs du parti des « Républicains Indépendants » créé en 1966 par VGE. Élu député dans le Val-d'Oise en 1967 et maire de L'Isle-Adam en 1971, il devint d'abord secrétaire général des RI puis le président en 1975. Sous la présidence de VGE, il devint d'abord ministre de la Santé en 1973, puis ministre de l'Intérieur, numéro deux au plan protocolaire. En août 1975, il envoya l'armée, épaulée par des blindés, pour chasser les militants corses emmenés par Simeoni et Lorenzoni qui occupaient illégalement une cave viticole à Aléria. En 1976, il se prononça publiquement en faveur de la peine de mort pour Patrick Henry, un tueur d'enfant. À la suite d'un échec aux élections municipales de mars 1977, il quitta son ministère et ne fit plus partie d'aucun gouvernement. Il participa, en 1978, à la fondation de l'UDF, dont il devint président d'honneur. Par la suite, il devint député au Parlement européen puis en 1989 sénateur du Val-d'Oise. Sur la fin de son parcours, il accentua son engagement vers une droite politique plus marquée, sans succès.

(Ve République)

Pons Bernard
(1926 – 2022)

Médecin généraliste, il se lança en politique en devenant député de Figeac en 1967. Jeune loup du gaullisme, il entra au gouvernement en 1969, en devenant brièvement secrétaire d'État auprès du ministre de l'Agriculture. Devenu maire de Paris, Jacques Chirac créa le RPR et lui confia le secrétariat du parti. En 1981, Pons se fit élire député de Paris, un mandat qui dura 20 ans ! Sous la cohabitation Mitterrand-Chirac, ce dernier lui confia le ministère des Départements et Territoires d'outre-mer. Son passage resta marqué par de grandes violences en Nouvelle-Calédonie et à un sévère affrontement entre les Caldoches soutenus par le RPR, et les Kanaks de Jean-Marie Tjibaou. Refusant de négocier, le gouvernement ordonna en avril 1988, l'assaut contre la grotte où étaient retenus des otages conduisant aux décès de 19 indépendantistes et de deux gendarmes. Par la suite, il devint président du groupe RPR. À la suite de l'élection de Chirac en 1995, il décrocha le ministère de l'Équipement et des Transports. En octobre 1995, la présentation du plan Juppé sur l'Assurance-maladie et les retraites entraîna une méga grève à la SNCF et à la RATP qui bloqua le pays durant 4 semaines. Pons s'employa alors à maintenir le dialogue avec les syndicats. En 2002, il repartit aux législatives dans le 17e, mais son parti lui préféra Françoise de Panafieu. Battu, cet épisode marqua la fin de sa carrière politique.

(Ve République)

Poperen Jean
(1925 – 1997)

Agrégé d'histoire en 1947, il commença d'abord une carrière d'enseignant (professeur en Lycée puis maître-assistant à Paris). Communiste très tôt (adhérent au PCF en 1943). Il fut envoyé un an à Bucarest, en 1952, à l'école des cadres du Kominform. Revenu en France, il s'éloigna du parti en raison de « l'impasse stalinienne ». Pendant toutes les années 60, il tenta une autre voie en créant avec d'autres le PSU, mais resta minoritaire d'une branche « moderniste » incarnée par des hommes nouveaux tels que Michel Rocard. Après le congrès d'Épinay et la création du PS, Poperen anima d'abord un courant très à gauche mais finit par se rallier à la majorité mitterrandienne en 1973. D'abord nommé délégué national du PS aux questions industrielles, il devint par la suite secrétaire national à la propagande, puis secrétaire national à la coordination. Après la victoire de Mitterrand à l'élection présidentielle de 1981, et l'arrivée de Lionel Jospin au poste de premier secrétaire, il devint le n° 2 du Parti socialiste. Il accéda par la suite au gouvernement (chargé des Relations avec le Parlement). Après la démission de Rocard à la suite de la déroute électorale des Européennes de 1994, Poperen soutint le recentrage à gauche proposé par Emmanuelli, qui dut cependant céder la direction du PS à Lionel Jospin, désigné par les militants comme candidat à l'élection présidentielle de 1995.

(Vichy)

Pucheu Pierre
(1899 – 1942)

Pierre Pucheu fit de brillantes études puisqu'il sortit de Normale sup. Au lendemain des manifestations ligueuses de février 1934, il adhéra aux « Croix-de-Feu » puis au « Parti Populaire Français » de Jacques Doriot avec qui il rompit en 1938, l'accusant de corruption. À Vichy, ses compétences techniques le firent choisir comme secrétaire d'État à la Production industrielle par l'amiral Darlan, en février 1941. En juillet 41, il devint secrétaire d'État à l'Intérieur, fonction qu'il assuma jusqu'en avril 1942 lorsque Laval revint au pouvoir. À ce poste, il participa alors à la répression contre la Résistance et à la désignation des otages, notamment les communistes fusillés de Châteaubriant, en octobre 1941. Après le débarquement allié de novembre 1942 en Afrique du Nord, Pucheu comprit que l'Allemagne ne gagnerait pas. Il écrivit alors au général Giraud pour lui demander de servir sous ses ordres comme capitaine. Ayant reçu une réponse favorable, Pucheu arriva à Casablanca en mai 1943. Mais les gaullistes et les résistants communistes obtinrent qu'il soit placé en résidence surveillée. Son procès s'ouvrit début mars 1944 devant un tribunal d'armée, à Alger. En dépit du fait qu'il s'était librement présenté, et compte tenu des éléments à charge apportée par l'accusation, Pucheu fut condamné à mort et exécuté en mars 1944.

(IVe République)

Queuille Henri
(1884 – 1970)

Henri Queuille, médecin de son état, se lança très tôt dans la politique puisqu'il fut député radical à 30 ans, dès 1914. De même sa longévité en tant que parlementaire (député ou sénateur) et (ou) comme ministre (de l'Agriculture ou des Travaux publics essentiellement) recouvrit toute la Troisième République à compter de 1914 et la Quatrième jusqu'en 1958. En juillet 1940, au casino de Vichy, il fit partie de la minorité de députés qui refusa les pleins pouvoirs au Maréchal Pétain. Il ne cautionna donc pas Vichy et finit même par rejoindre de Gaulle à Londres, en 1943. Cependant, ce fut sous la « Quatrième » qu'il connut son heure de gloire en étant investi trois fois Président du Conseil, et il fut le seul à y parvenir. Ce fut lui notamment qui présida à l'entrée de la France dans l'OTAN. Pourtant si l'on examine son bilan politique, il fut particulièrement anodin et sans relief. C'est d'ailleurs pourquoi le « *petit père Queuille* » comme on disait à l'époque est resté également comme le chantre du « politique » de la Quatrième. Adepte de bons mots, deux de ses maximes passèrent à postérité : « *Il n'est pas de problème dont une longue absence de solution ne finisse par venir à bout* » ou encore « *Les promesses n'engagent que ceux qui les écoutent* ». Ainsi, et sans surprise, Queuille finit par devenir le symbole d'un certain discrédit de la IVe République. Un jugement jugé, cependant, trop lapidaire.

(Ve République)

Quilès Paul
(1941 – 2021)

Polytechnicien, il fut jusqu'en 1978 ingénieur dans le secteur énergétique auprès de la compagnie pétrolière Shell. Parallèlement, ce catholique de gauche, ancien de la Jeunesse étudiante chrétienne, entra au PS en 1972 et milita dans le courant mitterrandiste. Directeur de campagne du candidat socialiste lors de sa victoire en 1981, il occupa ensuite plusieurs ministères (le logement de 1983 à 1984, les transports entre 1984 et 1985 puis entre 1991-1992, la défense entre 1985 et 1986, les postes et télécommunications entre 1988 et 1991, l'intérieur entre 1992 et 1993). Il fut ensuite député du Tarn de 1993 à 2007, ainsi que maire de la commune tarnaise de Cordes-sur-Ciel, de 1995 jusqu'aux dernières élections municipales, en 2020. En 1997, il fut élu président de la commission de la défense de l'Assemblée nationale et, l'année suivante, il présida une mission d'information parlementaire sur le Rwanda. Par ailleurs, persuadé que le nucléaire militaire ne servait à rien, car les capacités actuelles de destruction mutuelles étaient devenues trop importantes pour qu'un dirigeant la possédant s'y risque, il milita très tôt pour la diminution voire la suppression complète des arsenaux nucléaires dans le monde et naturellement en France. Un point de vue forcément rejeté par la communauté internationale dès lors qu'un pays isolé comme la Corée du Nord ne renoncera jamais à la dissuasion nucléaire.

(Ve République)

Quilliot Roger
(1925 – 1998)

Agrégé de grammaire, docteur es lettres, Roger Quilliot entra en politique en 1954 avec son élection au poste de conseiller municipal d'Angers. En 1956, il publia son plus célèbre essai : « *La Mer et les Prisons* », livre qui analysait l'oeuvre d'Albert Camus, né après de longs échanges épistolaires avec l'auteur. Nommé en 1963 à la faculté des lettres de Clermont-Ferrand, Quilliot s'installa alors en Auvergne et débuta son ascension politique. Il devint d'abord secrétaire de la fédération socialiste du Puy-de-Dôme, membre du comité directeur de la SFIO en 1963, puis du Parti socialiste en 1971. Quilliot devint par la suite maire de Clermont en 1973 et sénateur du Puy-de-Dôme en 1974. Après l'élection de François Mitterrand en mai 1981, proche de Gaston Defferre et de Pierre Mauroy, il entra dans le premier gouvernement de ce dernier comme ministre du Logement. Puis il devint ministre de l'Urbanisme et du Logement dans les deuxième et troisième gouvernements Mauroy. Il fut à l'origine de la loi du juin 1982 qui portait son nom et qui, appliquée jusqu'en 1986, régissait les rapports entre bailleurs et locataires. Après la fin de sa fonction de ministre, il resta présent dans le secteur du logement grâce à son poste de président de l'Union nationale des fédérations d'HLM à partir de 1985. Confronté depuis plusieurs années à des problèmes de santé, il mit fin à ses jours, à son domicile, en 1998.

(IVe République)

Ramadier Paul
(1888 - 1961)

Paul Ramadier, avocat de formation, fut député socialiste de l'Aveyron jusqu'en 1958. Favorable à la participation des socialistes au pouvoir, il quitta brièvement la SFIO pour rejoindre l'Union socialiste républicaine. Ministre du Travail de janvier à août 1938 dans le cabinet Daladier, il démissionna quand celui-ci voulut remettre en cause la semaine de 40 heures. Il refusa avec véhémence les pleins pouvoirs à Pétain en juillet 1940 et participa à la Résistance. À la Libération, Ramadier fut ministre du ravitaillement, de novembre 1944 à mai 1945 et se vit alors surnommé injustement « *Ramadan* ». Il occupa le ministère de la Justice fin 1946 avant de devenir le premier Président du conseil après l'adoption de la Constitution de la IVe République. À ce poste, il écarta les ministres communistes, qui avaient voté contre la politique gouvernementale, mettant ainsi fin au tripartisme. Il fit voter le statut de l'Algérie et adhéra au plan Marshall. Ministre de la Défense, entre 1948 et 1949, il envoya l'armée pour mettre fin à l'insurrection malgache. Certains crimes de guerre commis furent d'ailleurs attribués abusivement à son gouvernement alors qu'il fut établi qu'ils étaient le fait de soldats incontrôlés. Sous le cabinet Mollet (février 1956), et comme ministre des Affaires économiques et financières il eut la tâche ingrate de financer la politique sociale alors que la guerre d'Algérie plombait les comptes

(Ve République)

Raimond Jean-Bernard
(1926 – 2016)

À sa sortie de l'ENA, en 1956, Jean-Bernard Raimond opta pour la carrière diplomatique. Auparavant, par goût pour la littérature, il avait fait « Normale-Sup » qui lui permit de consacrer sa thèse à l'œuvre de Jean Giraudoux. D'abord séduit par Mendès France, il se rapprocha par la suite de Pompidou. Entré en 1956 au département des affaires politiques au ministère des affaires étrangères, il devint en 1967 directeur-adjoint du cabinet de Maurice Couve de Murville, qu'il suivit à Matignon lorsque ce dernier fut nommé « Premier ministre » en 1968. Après l'élection présidentielle de Georges Pompidou, il entra au secrétariat général de la présidence, puis, à partir de 1972, reprit du service actif dans le corps diplomatique. Ministre plénipotentiaire, puis ambassadeur au Maroc, directeur d'Afrique et du Moyen-Orient au Quai d'Orsay, directeur du cabinet du ministre des Affaires Étrangères, directeur général des relations culturelles, scientifiques et techniques, ambassadeur en Pologne puis en Union soviétique, il devint ministre des affaires étrangères de 1986 à 1988 dans le gouvernement Chirac sous la présidence de Mitterrand. En 1991, il se vit proposer le poste d'ambassadeur auprès du Saint-Siège, à Rome. Par la suite, il entra en politique pour se présenter, en 1993, aux élections législatives à Aix-en-Provence, sous l'étiquette du RPR, et fut élu député et même réélu en 1997.

(Vichy)

Rebatet Lucien
(1903 – 1972)

Lucien Rebatet, d'origine bourgeoise et provinciale, se consacra rapidement à l'écriture. À 21 ans, il découvrit le journal « L'Action Française » de Maurras et se reconnut rapidement dans cette idéologie nationaliste. Politiquement, il aspira très jeune à la dictature, à un régime fasciste et à la méritocratie. En 1935, il entra dans le journal antisémite « *Je suis partout* » et devint un journaliste politique de premier plan. Son sentiment pro-allemand, antisémite, antibolchévique et profasciste s'affirma. En 1940, après l'armistice, il se rendit à Vichy, mais l'esprit de cour qui y régnait ne lui convint pas. Il reprit sa collaboration à « *Je suis partout* ». À la suite de l'avancée allemande dans la Russie bolchevique, le rêve d'une Europe fasciste semblant se réaliser l'enthousiasma. Rebatet entra alors, activement, en collaboration avec l'occupant, n'hésitant plus à attiser la haine antisémite et à dénoncer la Résistance dans ses articles. En 1942, il publia « Les Décombres », long pamphlet virulent contre la France d'avant. Bien qu'après « Stalingrad » il comprit que la guerre était perdue, il continua son rôle de journaliste-collaborateur. En 1944, recherché, il s'enfuit de Paris et se réfugia à Sigmaringen. S'étant constitué prisonnier en Autriche, il fut condamné à mort en 1946. Mais sous la pression d'écrivains célèbres il fut finalement gracié par le Président Auriol.

(Résistance intérieure)

Renault Gilbert
(1904 – 1984)

Refusant l'armistice de juin 1940 Gilbert Renault dit colonel « Rémy » s'engagea à Londres dans les F.F.L. Affecté au Service de Renseignements, il fut chargé d'une mission consistant à surveiller les mouvements de l'ennemi le long de la côte Atlantique. À ce titre, il fonda, en novembre 1940, « la Confrérie Notre-Dame » (CND) travaillant en étroite relation avec le réseau « Century ». Grâce à l'activité de ces deux réseaux, un certain nombre d'actions furent menées (l'interception du « Bismarck », l'immobilisation de deux cuirassés à Brest, le raid des commandos britanniques sur Bruneval…). En juin 1942, Rémy ramena à Londres le plan des défenses allemandes du nord-ouest de la France. Une information qui servit de base aux préparatifs du débarquement de juin 1944. Le tout étant rendu possible grâce à un système complet de liaisons radios, aériennes et maritimes, mis en place par la CND. Rémy organisa également les premiers contacts entre la France combattante, les « FTP » et le PC. Après la guerre, il organisa un temps les grands rassemblements du RPF avant de devenir un écrivain populaire et prolifique. De tendance politique droite nationale, Rémy s'éloigna du général de Gaulle pour soutenir jusqu'au bout la thèse (fausse) du « glaive et du bouclier », selon laquelle de Gaulle et Pétain étaient de mèche.

(IIIe République)

Reynaud Paul
(1878 – 1966)

Avocat, député des Alpes de Haute-Provence et de Paris entre 1928 et 1940, Reynaud siégeait au banc des membres de l'Alliance démocratique, un parti de droite modérée. Sous la IIIe République, il fut plusieurs fois ministre, notamment des Finances en 1938. Reynaud fut l'un des rares hommes politiques de l'entre-deux-guerres à croire aux théories militaires du colonel de Gaulle concernant la façon de mener une guerre de mouvements contre l'Allemagne. Nommé président du Conseil et ministre des Affaires étrangères du 21 mars au 16 juin 1940 il prit les portefeuilles de la Défense nationale et de la Guerre, en mai 1940. Ce fut à cette époque qu'il nomma Pétain comme vice-président du Conseil et de Gaulle sous-secrétaire d'État à la Guerre, le 5 juin. Mais rapidement en désaccord avec les principaux membres du gouvernement et responsables militaires (Weygand notamment) quant à la conduite à tenir face à l'avancée allemande, Reynaud refusa la capitulation de l'armée française. Mis en minorité il démissionna et se vit remplacé par le maréchal Pétain, qui signa l'armistice. Interné sur ordre de ce dernier, Reynaud fut déporté en Allemagne. Après la Libération ce dernier redevint député jusqu'en 1962. De nouveau ministre, en 1948 sous la IVe, il fut délégué au Conseil de l'Europe de 1949 jusqu'en 1955. Rallié à de Gaulle en 1958, il présida pour finir le Comité consultatif constitutionnel.

(IIIe République)

Ribot Alexandre

(1842 – 1923)

Avocat puis magistrat Alexandre Ribot entra en politique en 1877. Souvent député du Nord, il siégea au centre gauche. Avec Georges Clemenceau, il s'opposa à la politique coloniale de Jules Ferry. Lorsque qu'éclata le scandale de Panama, c'est lui qui fit arrêter Ferdinand de Lesseps et qui fit lever l'immunité parlementaire de cinq députés. Quatre fois à la tête du gouvernement, Alexandre Ribot est resté relativement inconnu. Il fut pourtant un homme d'État éloquent et compétent. Il s'opposa à la politique anticléricale puis à la politique coloniale de Jules Ferry. Il lutta également contre le boulangisme. Sur la question religieuse et la séparation des Églises et de l'État, Ribot s'opposa à Pierre Waldeck-Rousseau et à Émile Combes, mais il s'intéressa également aux questions sociales. En juin 1914, une nouvelle fois Président du Conseil, il fut renversé, rapidement, par la gauche. De 1914 à 1917, il détint le portefeuille des Finances avant de revenir à la présidence du conseil en mars 1917. Il créa alors les « bons de la Défense nationale » des emprunts courts souscrits par les banques et les particuliers pour financer l'effort de guerre. Son ministère tomba lorsque le ministre de l'Intérieur, Jean-Louis Malvy, fut accusé de trahison et traduit devant la Haute Cour de Justice. Ribot acheva sa longue carrière au Sénat où il siégea jusqu'à sa mort.

(Ve République)

Rocard Michel

(1930 – 2016)

Énarque, Michel Rocard, de sensibilité socialiste, commença à militer au PSU, un parti satellite du PS. Il rejoignit ce dernier en 1974 et fit alors figure de rival interne de François Mitterrand en se voulant le dirigeant d'une « deuxième gauche », réformiste et anticommuniste. À la suite de la victoire de ce dernier à la présidence de la République en 1981, Rocard fut nommé, dans le gouvernement de Mauroy, ministre d'État, ministre du Plan de l'Aménagement du territoire, puis ministre de l'Agriculture en 1983. Maintenu dans ses fonctions par Laurent Fabius en 1984, il démissionna l'année suivante, s'opposant au scrutin proportionnel mis en place dans la perspective des élections législatives de 86. En 1988, François Mitterrand, réélu président, le nomma Premier ministre. Rocard forma alors un gouvernement d'ouverture à la suite des élections législatives de 1988. Ce fut durant cette période qu'il fit signer les accords de Matignon entérinant le droit de la Nouvelle-Calédonie à l'autodétermination. Mais l'absence de majorité absolue pour le camp présidentiel le conduisit à utiliser l'article 49 de la Constitution à vingt-huit reprises ! Il démissionna de son poste de Premier ministre après trois ans, à la demande de François Mitterrand. Par la suite, il fut encore premier secrétaire du Parti socialiste (1993-1994), député européen (1994-2009) et sénateur des Yvelines (1995-1997).

(Résistance intérieure)

Rol-Tanguy Henri
(1908 – 2002)

Henri Rol-Tanguy, fils de marin, adhéra au PCF en 1925. En octobre 1936, il devint secrétaire du Syndicat des Travailleurs de la métallurgie de la région parisienne. En 1937, il s'engagea en Espagne dans les « Brigades internationales » de l'armée républicaine espagnole où il fut grièvement blessé. Promu lieutenant en juin 1940, il refusa la défaite et rejoignit les rangs de la Résistance parisienne avec son épouse. Il prit alors la tête des comités populaires devant remplacer les syndicats désormais contrôlés par Vichy. Dès juillet 1941 il mit en place une direction militaire de la résistance en région parisienne, créant de petits groupes armés. Début 1942, il fut nommé chef des FTP de la région parisienne, puis en province. En mai 1943, il fut de nouveau confirmé chef des FTP en région parisienne. Après avoir créé un journal clandestin, il prit part à la création des FFI. Le 1er juin 1944, il devint chef régional des FFI de toute l'Île-de-France. Ce fut à ce titre qu'il commanda fin août 1944 l'insurrection parisienne contre l'occupant. Si le général Leclerc fut celui des gaullistes qui recueillît la reddition des troupes allemandes à Paris, le colonel Rol put également apposer sa signature au nom de la résistance parisienne et des FFI. Paris libérée, Rol s'engagea dans l'armée et fut affecté sur le front des Vosges. En décembre 1945, il fut admis dans l'active avec le grade de chef de bataillon.

(Guerre d'Algérie)

Salan Raoul
(1899 – 1984)

Raoul Salan, sorti de l'école Saint-Cyr en 1917, fut d'abord envoyé en Indochine. En 1940, il prit part à la campagne de France et eut des responsabilités au sein de l'AOF à Dakar. Nommé commandant des troupes françaises en Chine, il négocia avec le président Tchang Kaï-chek le retrait des troupes chinoises du Tonkin. En 1948, il devint commandant supérieur des troupes françaises en Extrême-Orient avant de succéder au général de Lattre comme commandant en chef des trois armes en Indochine. En novembre 1956, Salan prit le commandement en Algérie. Sur place, il couvrit de son autorité le bombardement de Sidi Youcef, en Tunisie, qui provoqua une crise internationale. En mai 1958, la foule algéroise envahit le siège du gouvernement général. Salan s'efforça alors de maintenir les liens avec la métropole. Mais il se trouva bientôt, à la fois le représentant d'un pouvoir affaibli à Paris et de ceux qui sur place voulaient conserver le statu quo. Il lança en mai 1958 un appel au général de Gaulle, qui fut suivi d'effet. Mais bravant plus tard l'option politique du général abandonnant l'Algérie Salan fomenta avec d'autres gradés militaires le putsch d'Alger d'avril 1961. Non suivi par l'armée, il poursuivit la lutte clandestinement au sein d'une organisation secrète : l'OAS. Condamné à mort par contumace, en juillet 1961 Salan obtint la grâce présidentielle à la suite des événements de mai 1968.

(IIIe République)

Sarraut Albert
(1872 – 1962)

Albert Sarraut fut un homme politique qui se réclamait du radical-socialisme, un courant politique centriste très en vogue sous la Troisième République. En 1907, il démissionna du cabinet Clemenceau, où il était sous-secrétaire d'État à l'Intérieur, par solidarité avec les viticulteurs du Midi en grève. Spécialiste des questions d'outre-mer, il fut gouverneur général de l'Indochine, de 1911 à 1914 et de 1916 à 1919. Par la suite, il fut plusieurs fois ministre des Colonies, de 1920 à 1924, puis encore en 1932. Sous Poincaré, il devint ministre de l'Intérieur de 1926 à 1928. Ayant assuré sa première présidence du Conseil en octobre et novembre 1933, il redevint ministre de l'Intérieur du cabinet d'Union nationale en 1934. Il démissionna après l'assassinat d'Alexandre Ier de Yougoslavie à Marseille, début octobre 1934. En janvier 1936, revenu à la tête du gouvernement, il fit ratifier le traité d'assistance mutuelle franco-soviétique dont Hitler prit prétexte pour réoccuper la Rhénanie, sans que le gouvernement français soit en mesure de réagir. À l'intérieur, il supprima les ligues d'extrême droite, mais démissionna au lendemain du succès du Front populaire. Albert Sarraut fit encore partie de divers gouvernements qui se succédèrent jusqu'à la fin de la IIIe République. En 1944, il fut arrêté par les Allemands et déporté jusqu'en 1945.

(Ve République)

Sarre Georges

(1935 – 2019)

Ancien inspecteur des PTT, Georges Sarre milita d'abord au syndicat FO et adhéra à la SFIO en 1964. Il participa à la fondation du nouveau parti socialiste en 1969 et donna avec ses amis du CERES (courant d'étude de gauche) la majorité à Mitterrand. De 1969 à 1971, il fut Premier secrétaire de la Fédération de Paris du Parti socialiste. En 1971, il fut élu conseiller municipal de Paris. Après un échec aux législatives de 1973, il devint tête de liste du PS aux élections municipales à Paris en 1977. Mais la gauche fut battue de peu par Jacques Chirac. Il fut alors élu député européen en 1979, puis député de Paris en 1981. Par la suite, Mitterrand lui confia des postes ministériels. Il devint ainsi secrétaire d'État aux Transports routiers et fluviaux en 1988. Il conserva ce poste jusqu'en 1993, traversant les gouvernements formés par Michel Rocard, Édith Cresson et Pierre Bérégovoy. En juillet 1989, sous son secrétariat, le système du permis à points fut voté et mis en application en 1992. Il devint maire du 11e arrondissement de Paris de 1995 à 2008 et président du groupe MC (Mouvement des Citoyens) au Conseil de Paris de 2001 à 2008. Vice-président puis président de ce mouvement entre 1992 et 2002, il fut élu porte-parole du MRC (Mouvt des Républicains Citoyens) qui assura la continuité du Mouvement des Citoyens et du Pôle républicain, à sa création en 2003

(Ve République)

Sartre Jean-Paul
(1905 – 1980)

Jean-Paul Sartre fut un philosophe et un écrivain français représentant du courant « existentialiste » qui marqua la vie intellectuelle et politique française de 1945 à la fin des années 1970. Écrivain prolifique, fondateur et directeur de la revue « *Les Temps modernes* » (1945), il fut célèbre aussi bien pour son œuvre philosophique et littéraire qu'en raison de ses engagements politiques, d'abord en liaison avec le Parti communiste, puis avec des courants gauchistes, au sens léniniste du terme et plus particulièrement maoïstes, dans les années 1970. Intransigeant et fidèle à ses idées, il rejeta toujours autant les honneurs que toute forme de censure. Il refusa ainsi le prix Nobel de littérature en 1964. Exception notable, il accepta cependant le titre de docteur honoris causa de l'université hébraïque de Jérusalem en 1976. Il contribua à la création du journal « Libération », allant jusqu'à le vendre lui-même dans les rues pour donner plus de publicité à son lancement. Il a partagé sa vie avec Simone de Beauvoir, philosophe de l'existentialisme et féministe, avec laquelle il forma un couple célèbre du xxe siècle. D'autres intellectuels ont joué pour lui un rôle important à différentes étapes de sa vie tels Paul Nizan et Raymond Aron, ses condisciples à l'École normale supérieure, Maurice Merleau-Ponty et Albert Camus dans les années d'après-guerre, puis Benny Lévy (alias Pierre Victor) à la fin de sa vie.

(Ve République)

Sauvagnargues Jean
(1915 – 2002)

Diplômé en 1935 de Normale-Sup, agrégé d'allemand, jean Sauvagnargues commença sa carrière de diplomate en devenant attaché d'ambassade à Bucarest. En 1943, révoqué par Vichy, il rejoignit les FFL gaullistes en Syrie. Par la suite, il fut d'abord affecté au Commissariat général pour les affaires allemandes et autrichiennes, puis fut nommé, entre 1955 et 1956, conseiller au cabinet d'Antoine Pinay, alors ministre des affaires étrangères. Sa carrière européenne connut alors une longue interruption. Il devint d'abord directeur général des affaires marocaines et tunisiennes lors de la proclamation de l'indépendance des deux protectorats, puis entre 1956 et 1960, ambassadeur en Éthiopie. Nommé alors directeur des affaires africaines et malgaches au Quai d'Orsay, il devint ambassadeur en Tunisie d'août 1962 à mars 1970. À cette date, il retrouva Bonn, où il fut nommé ambassadeur et où il négocia notamment l'accord à quatre de septembre 1971 par lequel les États-Unis, la France, la Grande-Bretagne et l'URSS codifièrent le statut de Berlin. Il fut alors l'artisan de la mise en œuvre du traité d'amitié et de coopération franco-allemand. En mai 1974, le nouveau président Valéry Giscard d'Estaing, qui cherchait à relancer la construction européenne en revitalisant l'entente franco-allemande, le nomma ministre des Affaires étrangères, nomination qui couronna sa carrière diplomatique.

(Ve République)

Savary Alain
(1918 – 1988)

Alain Savary rallia la France libre en juin 1940. Gouverneur de Saint-Pierre-et-Miquelon jusqu'en janvier 1943, il participa à la campagne d'Italie. En août 1944, il fut également de ceux qui débarquèrent en Provence. En octobre 1944, il siégea à l'Assemblée consultative provisoire pour y représenter les compagnons de la Libération. De Gaulle le promut alors au rang de général de corps d'armée en 1945. De 1948 à 1951, il devint conseiller de l'Union française puis député de Saint-Pierre-et-Miquelon jusqu'en 1958, date à laquelle il devint secrétaire général adjoint de la SFIO. En 1956, il fut nommé secrétaire d'État chargé des affaires marocaines et tunisiennes, mais quitta la SFIO en 1958 en raison du ralliement de Guy Mollet au nouveau régime. En juillet 1969, il fut élu Premier secrétaire du nouveau parti socialiste, qui adoptait alors la stratégie de l'Union de la gauche sans la participation des communistes. Mais il fut battu par Mitterrand, qui lui succéda à la direction du parti lors du congrès d'Épinay, en juin 1971. Élu député de 1973 à 1981, il présida le conseil régional de Midi-Pyrénées de 1974 à 1981. En 1981, après l'élection de François Mitterrand, il devint ministre de l'Éducation nationale dans le gouvernement Mauroy et fut chargé de mettre fin à la distinction entre l'école privée et école publique. Désavoué par la rue, il remit sa démission en juillet 1984.

(IVe République)

Schuman Robert
(1886 – 1963)

Robert Schuman fut l'un de ceux qui eurent une grande influence dans l'émergence de l'Europe naissante des années 1950. Il put notamment mener une action dans la durée en étant ministre des Affaires étrangères sans interruption de juillet 1948 à décembre 1952). À ce titre, il fut le grand négociateur français de tous les traités européens signés pendant cette période, notamment le Conseil de l'Europe en 1949 et la CECA (Communauté Economique du Charbon et de l'Acier) en 1951. Il fut également de par sa double culture franco-allemande, de son humanisme chrétien et de sa grande clairvoyance politique, l'un de ceux qui furent les plus efficaces dans le travail d'après-guerre pour mener à bien la nécessaire réconciliation franco-allemande. À partir de 1953, Robert Schuman déploya beaucoup d'efforts pour régler avec ses partenaires européens la question du siège de la CECA, le choix des langues, les contours de la future entité européenne qui naîtra quelques années plus tard, en 1957, avec le traité de Rome. Président du Mouvement européen de 1955 à 1961, considéré par tous les observateurs comme « l'un des pères » de l'Europe, avec Jean Monnet, Konrad Adenauer, Paul-Henri Spaak et Alcide de Gasperi. Robert Schuman fut également le premier président de l'Assemblée parlementaire européenne de 1958 à 1960. Déclaré également « vénérable » par le pape François, en juin 2021.

(Ve République)

Schumann Maurice
(1911 – 1998)

D'abord journaliste, Maurice Schumann rallia très vite le général de Gaulle en juin 1940, il devint le porte-parole de la France libre Sa voix fut alors régulièrement entendue dans l'émission « Honneur et Patrie » sur les ondes de Radio Londres. Il y intervint plus de 1 000 fois entre le 17 juillet 1940 et le 30 mai 1944. Il quitta Londres à cette date pour prendre part à la bataille de France, d'abord avec l'armée britannique, puis avec la 2e D.B., sous les ordres du général Billotte. Il débarqua le 6 juin à Asnelles, en Normandie, avec la mission d'assurer la liaison avec les Forces françaises de l'intérieur. Le 14 juin 1944, il organisa la visite du général de Gaulle à Bayeux. Par la suite, cofondateur du MRP, il en assura la présidence de 1945 à 1949. Élu député du Nord en 1945, régulièrement réélu jusqu'en 1973 (MRP, puis apparenté gaulliste à partir de 1967), il fut secrétaire d'État aux Affaires étrangères sous la IVe République. Il se rallia à la Ve République et fut nommé ministre de l'Aménagement du territoire en avril 1962. Il quitta le gouvernement avec tous les ministres MRP en mai. Il y revint (ministre d'État chargé de la Recherche scientifique et des questions atomiques et spatiales en 1967, ministre des Affaires sociales en 1968). Européen convaincu, il fut encore ministre des Affaires étrangères sous la présidence de Georges Pompidou (1969-1973).

(Ve République)

Séguin Philippe
(1943 – 2010)

Sorti de l'ENA en 1970, Philippe Seguin devint d'abord auditeur à la Cour des Comptes. Il commença une carrière politique en travaillant dans différents cabinets ministériels, en enseignant également à l'IEP de Paris. De 1978 à 1986, il devint député dans les Vosges puis entra au gouvernement. À cette date, il devint ministre des Affaires sociales et de l'Emploi ou il défendit plusieurs lois d'inspiration libérale. Après la réélection de Mitterrand en 1988, il retrouva son mandat de député, jusqu'aux élections législatives de 2002. En 1990, il fit alliance avec Charles Pasqua pour « régénérer le RPR ». Il défendait alors une ligne souverainiste sur les questions européennes. En 1992, il s'engagea également avec Charles Pasqua pour le « non » au référendum sur le traité de Maastricht. En avril 1993, après la victoire de la Droite dans le cadre de l'UPF aux élections législatives, Philippe Séguin fut élu président de l'Assemblée nationale. Lors de la campagne présidentielle de 1995, il apporta un franc soutien à Jacques Chirac. De 1997 à 1999, il fut élu président du RPR. En 2000, il tenta de gagner la mairie de Paris, mais fut devancé par le socialiste Bertrand Delanoë. En juin 2002, il réintégra la Cour des comptes et devint Premier président de la Cour des comptes nommé par Jacques Chirac en 2004. Suite à son brutal décès d'une crise cardiaque, un hommage national lui fut rendu aux Invalides.

(Ve République)

Servan-Schreiber Jean-Jacques
(1924 – 2006)

Polytechnicien, rédacteur au journal « le Monde » entre 1948 et 1953, Jean-Jacques Servan-Schreiber, aidé de Françoise Giroud, fonda en 1953 à 29 ans seulement l'hebdomadaire l'Express, qu'il dirigea jusqu'en 1970. Ce journal se montra d'abord favorable aux thèses de Pierre Mendès France, dont il fut le collaborateur de 1952 à 1955 puis se rapprocha des thèses radicales. Secrétaire (1969), puis président (1971-1975 et 1977-1979) du parti radical, il devint député de Meurthe-et-Moselle de 1970 à 1978. Il s'efforça alors de rénover le parti radical qu'il rapprocha des centristes en fondant avec le Centre démocrate de Jean Lecanuet le « Mouvement réformateur » en novembre 1971. Mais ce choix centriste provoqua l'éclatement du Parti radical dont l'aile gauche, conduite par Maurice Faure et Robert Fabre, fit sécession en 1972 pour se rapprocher des socialistes. Sous le septennat de Valéry Giscard d'Estaing, il fit un bref passage au gouvernement comme ministre des Réformes (mai-juin 1974) mais se montra instable dans certaines prises de position. Opposé notamment à la reprise des essais nucléaires, il s'opposa frontalement au 1er ministre Jacques Chirac qui le traita alors de « turlupin ». De 1982 à 1985, il présida le Centre mondial informatique et ressources humaines. Il a rédigé quelques livres dont un est resté célèbre : *« Le défi américain »*, publié en 1967.

(IIIe République)

Simon Jules
(1814 – 1896)

Brillant élève (Normale sup, agrégé de philosophie), Jules Simon devint député dès 1848, mais s'opposa en permanence à l'Empire. Ministre de l'Instruction Publique dans le gouvernement de Défense nationale de 1870, il démissionna après le résultat des élections de février 1871 qui portèrent une majorité de monarchistes orléanistes à la Chambre. Sénateur inamovible à partir de 1875, considéré comme un républicain modéré, il fut appelé par le Président Mac Mahon à la présidence du Conseil en décembre 1875. Le clergé, par la voix de Mgr Dupanloup, fit preuve d'hostilité à son égard, notamment à la suite de son action en faveur d'un enseignement primaire obligatoire. En lui confiant la présidence du Conseil et le ministère de l'Intérieur, le Président Mac Mahon crut pouvoir dissocier les républicains modérés des partisans de Gambetta. Mais lors de la journée du 16 mai 1877, il ne s'opposa pas à l'abrogation d'une loi sur la presse voulue par le président. Devant le blâme écrit de ce dernier, Jules Simon démissionna. Par la suite, cet anticlérical épris de liberté individuelle se signala par son opposition à Jules Ferry. Ainsi, en 1880, il ne laissa pas passer un article dans lequel le gouvernement voulait interdire l'enseignement aux congrégations non autorisées, une position partagée par le Sénat. De par ses écrits et de ses cours magistraux, il fut nommé à l'Académie française dès 1875.

(Ve République)

Soisson Jean-Pierre
(1934 - 2024)

Diplômé de Sciences Po, énarque, Jean-Pierre Soisson fut député de l'Yonne sans discontinuer de 1968 à 2012, maire d'Auxerre de 1971 à 1998, et Président du conseil régional de Bourgogne à deux reprises en 1992 et 1998. En 1965, d'abord séduit par Edgar Faure, dont il fut l'un des conseillers ministériels, il se rapprocha de Valéry Giscard d'Estaing. Élu député de l'Yonne en juin 1968, il prit d'abord des responsabilités importantes dans la Fédération nationale des républicains indépendants, la force politique créée par Giscard d'Estaing. D'abord nommé Secrétaire d'État aux Universités (entre 1974 et 1976), puis Secrétaire d'État à la Formation Professionnelle en 1976, enfin à la Jeunesse et aux sports en 1977, il devint Ministre de ce département politique en 1981. Pourtant giscardien et dirigeant du Parti Républicain, Jean-Pierre Soisson, d'abord dans l'opposition après 1981, se rapprocha de Raymond Barre au début du premier septennat de François Mitterrand. Mais il se rallia plus tard à ce dernier, ce qui modifia le cours du destin politique du député-maire d'Auxerre. En 1988, en effet, Jean-Pierre Soissons devint alors (avec Olivier Stirn) un « ministre d'ouverture » dans les gouvernements de Rocard de 1988 à 1991, de Cresson en 1992 et de Pierre Bérégovoy de 1992 à 1993, d'abord comme ministre du Travail, puis comme ministre de la Fonction publique et de l'Agriculture de 1992 à 1993.

(Guerre d'Algérie)

Soustelle Jacques
(1912 – 1990)

Jacques Soustelle, très brillant élève (Normale-Sup, agrégé de philosophie) fut d'abord un ethnologue, spécialiste de l'Amérique latine, sous-directeur du Musée de l'Homme de 1937 à 1939, qui était en outre membre du Comité de vigilance des intellectuels antifascistes dès 1937. Rallié au général de Gaulle, en 1940, il fut nommé Commissaire national à l'Information en 1942. En la matière, il contrôla Radio Beyrouth, Radio Brazzaville, Radio du Cameroun, Radio Nouméa et Radio Papeete. Par la suite, il fut nommé directeur général des services spéciaux d'Alger en 1944 puis ministre de l'Information en 1945, avant d'être ministre des Colonies entre 1945 et 1946. Il fut également secrétaire général du RPF dont il était l'un des fondateurs jusqu'en 1951, puis député entre 1951 et 1958. Gouverneur général de l'Algérie, en 1955, il voyait de Gaulle comme le seul capable de maintenir l'Algérie dans une République rénovée. Ministre de l'Information en juillet 1958, il devint ministre délégué auprès du Premier ministre. Mais partisan de l'intégration de l'Algérie au sein de la république il quitta le gouvernement en février 1960, après la semaine des barricades. Après sept ans d'exil, il rentra en France à la faveur de l'amnistie de 1968 et fut de nouveau député, en 1973. Pour ses travaux d'ethnologue, il fut élu à l'Académie des Sciences en 1983.

(Ve République)

Stoleru Lionel
(1937 – 2016)

Diplômé de Polytechnique, Lionel Stoleru fut d'abord ingénieur des mines de 1963 à 1965. Il obtint également un doctorat en économie à l'université Stanford (Californie). Chargé de mission au Commissariat général du Plan jusqu'en 1968, il devint conseiller de VGE à partir de 1969. À compter de 1974, il fit partie de tous les gouvernements sous sa présidence. Par la suite, il devint secrétaire d'État chargé de la Condition des travailleurs manuels sous le 1er gouvernement Chirac (1976) puis reconduit sous les gouvernements Barre. Il fut secrétaire d'État chargé de la condition des travailleurs manuels et immigrés. En 1977, il fonda le Carrefour social-démocrate avec René Lenoir et Olivier Stirn. Parallèlement, de 1969 à 1988, il fut maître de conférences en mathématiques, professeur de sciences économiques à l'École polytechnique, enfin professeur d'économie à l'École des mines de Paris. En 1988, il fut élu député dans l'Oise avec l'étiquette « Majorité présidentielle », soutenu alors par le Parti socialiste, dans le cadre de son ouverture au centre. Il quitta son mandat rapidement en raison de sa nomination au gouvernement de Michel Rocard (Secrétaire d'État au Plan). En 1993, il se représenta sous la bannière de « Génération écologie », mais fut éliminé au premier tour. Musicien de renom il fut par la suite chef d'orchestre et dirigea plusieurs orchestres en Europe.

(Ve République)

Taittinger Jean

(1923 – 2012)

En 1945, Jean Taittinger combattit dans les troupes du général de Larminat. Une fois démobilisé, il rejoignit son frère François, directeur général du Champagne Taittinger et commença une première carrière à ses côtés. En 1958, il fut élu député (UNR, UD-Ve) de la Marne jusqu'en 1973. Il devint président de la Commission des Finances, de l'Économie générale et du Plan de l'Assemblée nationale entre 1968 et 1971. Nommé secrétaire d'État auprès du ministre de l'Économie et des Finances de 1971 à 1972 dans le gouvernement de Jacques Chaban-Delmas, il conserva cette fonction avec le portefeuille du Budget dans le Ier gouvernement de Pierre Messmer jusqu'en 1973. Par la suite, il fut nommé ministre d'État, Garde des Sceaux, jusqu'en 1974 dans le second gouvernement Messmer. Au plan local, Jean Taittinger devint maire de Reims de 1959 à 1977. À cette date, il quitta la vie politique et locale pour rejoindre de nouveau le groupe familial en devenant PDG de la Société du Louvre, qui connut alors un très fort développement. Parmi ses réussites, on peut citer la restauration complète de l'hôtel de Crillon, de l'hôtel Lutetia, de l'hôtel du Louvre, l'acquisition de l'hôtel Martinez à Cannes, de l'hôtel « Ambassador » à Paris, l'acquisition de la cristallerie de Baccarat, la création de la Banque du Louvre. Jean Taittinger quitta le monde des affaires en 1997 et se retira alors en Suisse.

(IVe République)

Tanguy-Prigent François
(1909 - 1970)

François Tanguy-Prigent fit toute la campagne militaire 39-40 jusqu'à la débâcle. Après l'armistice, il fut l'un des 80 parlementaires qui refusèrent les pleins pouvoirs au maréchal Pétain. Bien que se sachant surveillé, il s'engagea dans la Résistance, tout d'abord en créant la Confédération générale de l'agriculture (CGA), syndicat clandestin, qui s'opposait à la Corporation paysanne mise en place par Vichy. Puis, en 1943, en participant à la reconstitution clandestine du parti socialiste, et en adhérant au mouvement « Libération-Nord ». À partir de 1943, il entra lui-même en clandestinité et organisa un maquis dans le Finistère, utilisant sa bonne connaissance du monde rural pour lutter contre l'occupant et le Régime de Vichy. Après la victoire, Tanguy-Prigent devint ministre de l'Agriculture. Il conserva ce poste, au-delà du GPRF, jusqu'à la mi-octobre 1947. Sous son ministériat, il entreprit la modernisation de l'agriculture française et supprima l'organisme corporatiste créé par Vichy. Il aida également au développement des syndicats, coopératives et foyers ruraux, dans un but de reconstruction et d'émancipation des campagnes de la tutelle religieuse. Il fut, également, à l'origine de la création du statut du fermage et du métayage en avril 1946. Tanguy-Prigent, fut élu aux deux assemblées constituantes de 1945 et 1946, puis comme député SFIO, jusqu'en 1958.

(IIIe République)

Tardieu André
(1876 - 1945)

Grand bourgeois, André Tardieu fit de brillantes études. Il commença sa carrière comme journaliste au « *Temps* », spécialisé dans la politique étrangère. Élu à la Chambre en 1914, il servit dans l'infanterie durant la Première Guerre mondiale, jusqu'en 1916. Collaborateur de Clemenceau lors de la conférence de Paris, il joua un rôle majeur dans la rédaction du traité de Versailles. Par la suite, à la Chambre des députés comme dans ses articles de presse, il mena une lutte intransigeante pour préserver l'essence de ce traité, refusant tout assouplissement des mesures coercitives prévues contre l'Allemagne. À partir de 1926, il accepta de rentrer dans des gouvernements (Travaux Publics et Intérieur). Chef du centre droit à la Chambre, il fut Président du Conseil de novembre 1929 à février 1930, puis de mars à décembre 1930. Durant ses deux premiers mandats, Tardieu plaida pour une politique de relance économique par l'État pour lutter contre les effets de la crise de 1929. Il obtint ensuite le portefeuille de l'Agriculture puis de la Guerre, avant de revenir à la tête du Conseil pour la troisième fois, en février 1932. Partisan d'une révision des institutions avec un renforcement de l'exécutif, il revint une dernière fois dans le cabinet Doumergue après les troubles de février 1934, sans succès. Il se retira alors, définitivement, de la vie politique.

(Résistance intérieure)

Teitgen Pierre-Henri
(1908 - 1997)

Agrégé de droit, Pierre-Henri Teitgen fut d'abord professeur à la faculté de Nancy. Mobilisé en 1939, prisonnier en juin 1940, il s'évada et redevint professeur à la faculté de droit de Montpellier, Durant la période 40-44, Teitgen fut un résistant très actif et courageux (il ne parla pas sous interrogatoire de la Gestapo). À Lyon, où il retrouva François de Menthon et Georges Bidault, il entra, en juillet 1942, au Comité général d'Études, chargé d'élaborer les projets législatifs après la libération, dont il devint le secrétaire général. En 1943, dans la clandestinité, il fut nommé commissaire général provisoire à l'Information et fut chargé de préparer, à l'intention des futurs commissaires de la République, les mesures à prendre dans le domaine de la presse. Fin juillet, il fut déporté à Compiègne, mais parvint à s'évader. Il rejoignit alors les FFI pour participer à la délivrance finale du territoire. Après la victoire, entre 45 et 46 il devint ministre de l'information, puis ministre de la justice dans le GPRF. Teitgen continua sa carrière sous la IVe. Nommé vice-président du Conseil et ministre des Forces armées en 1947-1948, il obtint le portefeuille de ministre d'État chargé de l'information entre 1949 et 1950. De 1952 à 1956, il fut président du MRP, puis, à nouveau vice-président du Conseil de 1953 à 1954. Il fut nommé, en 1958, membre du Comité consultatif constitutionnel.

(IIIe République)

Thiers Adolphe
(1798 – 1881)

Lorsque le Second Empire s'effondra après la défaite militaire de Sedan et la capture de Napoléon III, la France dut baisser pavillon devant les Prussiens. Le siège de Paris s'acheva en janvier 1871. Dès lors, un armistice fut accordé aux Français pour qu'ils élisent une nouvelle chambre. Lassés de cette guerre perdue d'avance, les Français élirent majoritairement des monarchistes ayant fait campagne pour une paix signée dès que possible. Cependant, divisés entre « légitimistes » et « orléanistes, les élus monarchistes nommèrent Adolphe Thiers chef (provisoire) du pouvoir exécutif de cette curieuse république. À compter de cette date, Thiers, qui avait déjà une longue carrière politique derrière lui, domina la scène politique durant encore deux ans. Entre mars et mai 1871, devant la révolte de Paris, n'acceptant pas de baisser les armes, Thiers réprima durement la « Commune » parisienne qui s'était transformée en insurrection. L'Assemblée se proclama ensuite constituante et Thiers fut nommé (premier) « président de la République » à titre conservatoire. Ce dernier eut le mérite de boucler en deux ans, par des emprunts, le remboursement de l'indemnité de guerre due aux Prussiens. Dès lors, le rôle de Thiers s'acheva. L'Assemblée finit par lui retirer sa confiance et porta à la présidence, un royaliste plus sincère, le maréchal de Mac-Mahon !

(IIIe République)

Thomas Albert
(1878 – 1932)

De condition modeste, Albert Thomas entra à l'École normale supérieure en 1899. Brillant élève, il fut reçu premier à l'agrégation d'histoire en 1902. Ce succès lui valut notamment une bourse de séjour en Allemagne où il étudia le syndicalisme allemand. En 1904, Jean Jaurès le chargea de la rubrique syndicale lors de la fondation du journal « L'Humanité ». Au Congrès de Bourges, en septembre de la même année, Albert Thomas se rangea aux côtés des syndicalistes réformistes avec lesquels il fonda « *la Revue syndicaliste* ». Entre 1906 et 1928, il assura la direction de la « *Revue socialiste* » après sa fusion avec « *la Revue syndicaliste et coopérative* ». Il fut élu député en 1910 et maire de Champigny en 1912. Sous-secrétaire d'État de l'artillerie et des munitions en 1915 puis ministre de l'armement en 1916, il publia au cours de cette période de nombreux rapports et propositions de lois, notamment sur l'utilisation de la main-d'oeuvre féminine et la réglementation des différends du travail. Il quitta le gouvernement en septembre 1917 et reprit sa place dans l'action parlementaire face au gouvernement Painlevé-Clemenceau. En 1919, réélu député au siège qu'occupait jusqu'alors Jean Jaurès, il fut également élu directeur du « Bureau International du Travail », poste qu'il conserva jusqu'à sa mort, en mai 1932.

(IIIe République)

Thorez Maurice
(1900 – 1964)

Né dans une famille de mineurs, Maurice Thorez fut élu au comité directeur du parti communiste dès 1924. Il eut alors l'occasion de se rendre en URSS, où il rencontra Staline. Devenu membre du bureau politique, en 1925, il joua un rôle majeur dans l'élimination de Jacques Doriot, qui préconisait une union de la gauche jugée prématurée en 1934. Un an plus tard, sur conseil de Staline, Thorez fut avec Blum, à l'origine du Front populaire, qui réunit toutes les gauches françaises. Au cours de la campagne électorale de 1936, celui qui était devenu le n° 1 du parti pratiqua la politique de la « main tendue » à l'égard des catholiques et même des « Croix-de-Feu ». Simultanément, après les accords de Matignon, il invita les travailleurs à *« savoir finir une grève »* de crainte de voir le mouvement récupéré par les libertaires. En octobre 1939, sur injonction du Kremlin, Thorez dut accepter le pacte germano-soviétique. Mobilisé, il déserta et rejoint Moscou. À la Libération, après l'entrevue « de Gaulle-Staline », il bénéficia de la grâce amnistiante et rentra en France. Face à la politique des blocs, définie à Yalta, il fit du parti communiste un parti de gouvernement et participa au début à la reconstruction du pays. Il resta ensuite, brièvement, fidèle à la formule du « tripartisme » jusqu'à l'exclusion des communistes par Ramadier, en mai 1947.

(IVe République)

Tillon Charles
(1897 – 1993)

Charles Tillon, ouvrier ajusteur de formation, fut en toutes circonstances et toute sa vie un homme courageux et de fortes convictions sociales. Mobilisé, en 1916, dans la marine, il fut l'un des dirigeants de la mutinerie de la Mer noire en juin 1919 (quand le gouvernement français soutenait les forces russes tsaristes contre les bolcheviques). Un acte qui le condamna à cinq ans de bagne au Maroc. Bénéficiant d'une remise de peine en 1921, il adhéra au PCF et à la CGTU. Quelques années plus tard, en 1932, compte tenu de son activisme syndical, il entra au Comité central du Parti. Engagé durant la Guerre d'Espagne, il vécut dans la clandestinité, après la dissolution du PCF. Très actif, il organisa les FTP en juin 1941, dont il fut le chef du Comité militaire national. Après la guerre, il fit une carrière ministérielle durant toute la durée du GPRF. Ministre de l'Air en 1944, de l'Armement entre 1945 et 1946, de la reconstruction en 1947. Par la suite, il devint député, membre du Bureau politique du PCF de 1945 à 1952 et dirigeant du « Mouvement des partisans pour la paix ». Par la suite, les relations houleuses entre lui et le chef du parti (Maurice Thorez) soutenant systématiquement Staline lui valut une première exclusion du parti en 1952. Réintégré en 1957, Tillon fut de nouveau exclu en 1970 après avoir protesté contre l'invasion de la Tchécoslovaquie et critiqué le fonctionnement stalinien du PCF.

(IIIe République)

Tixier Adrien
(1893 – 1946)

Amputé du bras gauche durant la Grande guerre, Adrien Tixier, après avoir été enseignant, devint secrétaire général de la conférence internationale des anciens combattants. Militant à la SFIO, il occupa à partir de 1920 diverses fonctions au sein du Bureau international du travail à Genève. Refusant l'armistice de Pétain, le général de Gaulle le chargea en novembre 1941 de représenter la France libre à Washington, où il se fit apprécier par l'administration Roosevelt. Il occupa au sein du CFLN d'Alger le poste de commissaire au Travail et à la Prévoyance sociale de juin à novembre 1943 puis aux Affaires sociales de novembre 1943 à septembre 1944. Adrien Tixier fut ensuite nommé ministre de l'Intérieur en septembre 1944 dans le « Gouvernement Provisoire de la République Française », jusqu'en janvier 1946. Énergique, il révoqua nombre de responsables de la police et de l'administration qui avaient collaboré avec l'occupant nazi. Cosignataire de l'ordonnance d'octobre 1945 instituant la Sécurité sociale, il créa, au ministère de l'Intérieur, la Direction de la surveillance du territoire (DST) et les Compagnies républicaines de sécurité (CRS). Élu également, en octobre 1945, député socialiste de la Haute-Vienne à la Première Assemblée nationale constituante, il mourut à 53 ans des suites d'une opération visant à extraire un projectile logé dans son crâne depuis 1914.

(Ve République)

Tixier-Vignancourt Jean-Louis
(1907 – 1989)

Après des études au lycée Louis-le-Grand, Jean-Louis Tixier-Vignancourt milita dans plusieurs organisations royalistes (Camelots du roi, Volontaires nationaux, liés aux Croix-de-feu, puis du Parti populaire français). Député en 1936, il vota les pleins pouvoirs constituants à Philippe Pétain en 1940. Après avoir travaillé pour Vichy il fut incarcéré début 1944. En avril 1951, il obtint l'amnistie de Louis-Ferdinand Céline. En 1954, il fonda le Rassemblement national français. Réélu député en 1956, il vota cependant l'investiture du gouvernement de Gaulle, mais s'opposa rapidement à lui à cause de l'Algérie française. En 1962, il défendit plusieurs responsables de l'OAS, parmi lesquels le général Salan. Il se présenta aux élections présidentielles de 1965 et termina à la quatrième position (5,20 % des suffrages exprimés). En 1966, il créa un parti d'extrême droite (l'ARLP) qui n'eut pas de succès électoraux.). À la suite des événements de mai 1968, il se rallia au général de Gaulle, puis, appela à voter pour Pompidou à l'élection présidentielle de 1969. Se voulant le représentant de l'aile droite de la majorité, il encouragea alors ses partisans à adhérer à l'UDR pour « *droitiser la droite* ». En 1974, il proposa sans succès la fusion de son parti avec la Fédération nationale des RI de VGE et le Centre démocrate de Jean Lecanuet. Finalement, en 1978, il rejoignit le « Parti des Forces Nouvelles ».

(IIIe République)

Trarieux Ludovic
(1840 – 1904)

Ludovic Trarieux fut d'abord un avocat puis un homme politique qui eut son heure de gloire en devenant ministre de la Justice en 1895. D'abord de sensibilité de gauche, il se positionna progressivement vers une droite libérale. Aussi, il se montra très critique contre la loi Waldeck-Rousseau de 1884 sur les syndicats. Devenu sénateur, c'est lui qui rapporta les « lois scélérates » de 1894, limitant notamment la liberté de la presse. Il devint Garde des Sceaux durant la majeure partie de l'année 1895, s'opposant notamment à Jean Jaurès pendant les grèves de Carmaux de 1892-1895. En revanche, Trarieux se passionna, comme ancien avocat, au cas Dreyfus. Il eut assez rapidement le sentiment que les droits de la défense de ce militaire israélite étaient bafoués. Ce fut donc à partir de cette affaire qu'il créa, en 1898, la LDH (Ligue française pour la défense des Droits de l'Homme et du Citoyen) dont il fut le premier président. Étant donné les orientations politiques de Trarieux, cette ligue n'avait pas à son origine le souci de traiter des cas des groupes sociaux. Elle s'en tenait strictement au respect du droit individuel de la personne et attirait, à ce titre, surtout des intellectuels (juristes et avocats notamment) plutôt que des politiques. En matière de notoriété, l'apogée de la LDH se situa, en 1932, lorsqu'elle revendiqua cent soixante-dix mille membres.

(IIIe République)

Vaillant Édouard
(1840 – 1915)

Édouard Vaillant fut un socialiste de conviction qui fit de brillantes études. Après son bac, il devint ingénieur des Arts et manufactures à l'École Centrale, puis Docteur ès sciences à la Sorbonne. Adhérent de l'Internationale, et lié à Blanqui, il participa à toutes les actions de la gauche socialiste pendant le siège de Paris. Membre élu de la « Commune », celle-ci le délégua à l'Instruction publique. Après la « semaine sanglante », il gagna l'Angleterre, où il fit la connaissance de Marx. Dès août 1871, celui-ci le fit entrer au Conseil général de l'Internationale. Mais, après le congrès de La Haye, réuni en septembre 1872, Vaillant s'en retira et cessa pratiquement toutes relations avec Marx. Condamné à mort par contumace, en juillet 1872, Vaillant ne revint en France qu'après l'amnistie générale de 1880. Il milita alors, activement, à Paris. Élu d'abord conseiller municipal, il devint député en 1893, et siégea à l'Assemblée nationale jusqu'à sa mort. Il y fut un ardent défenseur de la journée de huit heures et de l'amélioration de la législation sociale. Ayant pris quelques distances avec la gauche dure, il fut un partisan résolu de l'unification du mouvement socialiste français. Au soir de sa vie, Vaillant fut l'un des plus fervents défenseurs de la grève générale contre la guerre dite « impérialiste ». Pourtant, en 1914, il approuva le ralliement des socialistes à « l'union sacrée ».

(Vichy)

Vallat Xavier
(1891 – 1972)

Xavier Vallat fut un fervent catholique, sympathisant de l'Action Française. Combattant courageux durant la Première Guerre mondiale, il fut gravement blessé, perdant une jambe et un œil. Tout au long de l'entre-deux-guerres, il fut un militant actif des associations d'anciens combattants. Devenu avocat, il entreprit dans la chambre « bleu horizon » (1919) une carrière de député. Inscrit au groupe des indépendants de droite, c'était un excellent orateur, attaché particulièrement à la défense de l'enseignement catholique. Son antisémitisme viscéral le fit remarquer des autorités de Vichy qui le nommèrent d'abord Secrétaire général aux anciens combattants puis Commissaire général aux questions juives. En juin 1941, ce fut lui qui fut à l'origine du second statut des Juifs et de leur recensement nominatif. S'il désirait les écarter de toute responsabilité publique, il n'allait pas jusqu'à suivre les nazis sur leurs thèses raciales. Dès lors, jugé finalement trop modéré, il fut remplacé en 1942 par Louis Darquier de Pellepoix. Ce Commissariat aux questions juives fut l'archétype de ces structures administratives mises en place par Vichy pour aller au devant des désirs de l'occupant. Après la Libération, Vallat fut condamné à dix ans d'emprisonnement et à l'indignité nationale à vie, mais fut libéré dès 1949 et amnistié en 1954.

(Ve République)

Veil Simone
(1927 – 2017)

Simone Veil (née Jacob) fut arrêtée par des SS en 1943 et envoyée dans le camp de concentration d'Auschwitz-Birkenau avec sa sœur et sa mère en avril 1944. Suite à différents transferts, elle fut libérée par les Anglais en avril 1945. Rentrée en France, elle fit « Science-Po » et rencontra Antoine Veil, son futur mari. Elle embrassa alors une carrière dans la magistrature et mena un combat pour améliorer les conditions de vie des détenues des prisons de France et d'Algérie. Nommée ministre de la Santé en 1974 jusqu'en 1979 par le président Valéry Giscard d'Estaing, elle se lança dans une lutte pour légaliser l'avortement. Adoptée en janvier grâce à ses efforts dans un Parlement majoritairement masculin et hostile, en janvier 1975, la « loi Veil » permit aux femmes de France d'interrompre volontairement leur grossesse. Simone Veil fut également la première femme à présider le Parlement européen de 1979 à 1982 où elle œuvra pour la réconciliation avec l'Allemagne. Plus tard, elle fut nommée ministre des Affaires sociales, de la Santé et de la Ville de 1993 à 1995. Elle termina sa « vie politique » en siégeant au Conseil constitutionnel de 1998 à 2007. Elle a publié une autobiographie en 2007 intitulée « Une vie », dont les premiers chapitres sont un témoignage sur sa vie en déportation. Simone Veil est entrée au Panthéon en 2018 sous la présidence d'Emmanuel Macron.

(Résistance intérieure)

Viannay Philippe
(1917 – 1986)

D'abord étudiant en théologie, Philippe Viannay choisit finalement de suivre des études de philosophie. À la tête d'un bataillon de tirailleurs marocains en 1940, il reprit ses études après la défaite. Mais très vite, il entra en résistance en fondant un journal clandestin « Défense de la France » à l'été 1941. Viannay, sous le pseudonyme d' « Indomitus », signa la plupart des éditoriaux du journal. Dénonçant le nazisme et hostile à la collaboration, il resta longtemps convaincu du « double jeu » de Pétain. De même il exprima d'abord son soutien au général Giraud avant de se rallier à de Gaulle, au printemps 1943. Le tirage de son journal augmenta considérablement jusqu'à atteindre 450 000 exemplaires, malgré diverses arrestations frappant le mouvement. Bientôt, et à 25 ans, il devint le chef incontesté d'un des plus importants mouvements de Résistance de la zone Nord. Désireux de s'impliquer dans l'action militaire il quitta Paris et s'installa dans le maquis de Seine-et-Oise dont il prit le commandement, en février 1944. Au mois d'avril, il fut nommé chef régional des FFI d'Île-de-France. Fin juillet 1944, arrêté par les Allemands, il fut blessé. Hospitalisé, il parvint à s'évader et reprit le commandement de son maquis. Le 24 août, Viannay fut reçu par le général de Gaulle qui lui accorda la Croix de la Libération.

(Résistance extérieure)

Viénot Pierre
(1897 – 1944)

Pierre Vienot fit la Grande Guerre et la termina comme lieutenant et grand blessé. Ses activités postérieures l'orientèrent vers les grands sujets de politique étrangère, en particulier les questions allemandes. Il fut l'un des apôtres d'une tentative de rapprochement franco-allemand qui échoua du fait de l'avènement d'Hitler. Député des Ardennes en 1932, il devint sous-secrétaire d'État aux Affaires étrangères dans le ministère Blum en 1936. En mars 1940, il fut appelé pour diriger les émissions radiophoniques à destination de l'Allemagne. Suite à la défaite, il s'embarqua sur le « Massilia » pour tenter de continuer la lutte en Afrique. Traduit devant un tribunal militaire pour « désertion », condamné avec sursis, il entra immédiatement dans l'un des premiers mouvements de résistance. Arrêté à nouveau en août 1942, il fut incarcéré, puis mis en résidence surveillée. Il s'évada alors, en 1943, pour rejoindre Londres. Le CFLN lui confia le poste d'ambassadeur auprès du gouvernement britannique. À ce titre, il fit partie des officiels français qui obtinrent que la France ne soit pas administrée par un gouvernement militaire allié des territoires occupés (l'AMGOT), mais par le GPRF, créé à Alger, en juin 1944. Il eut encore le temps d'accompagner de Gaulle dans son voyage en Normandie libérée. Mais très éprouvé, il décéda d'une crise cardiaque un mois plus tard.

(IIIe République)

Viviani René
(1862 – 1925)

Né en Algérie, René Viviani eut d'abord une carrière d'avocat. Acquis aux idées socialistes, il fut l'avocat des cheminots et des mineurs grévistes de Carmaux. Député de 1893 à 1906, ce fut en 1906 qu'il entra au gouvernement comme titulaire du « Ministère du Travail et de la Prévoyance sociale ». Il y fit voter des lois réformistes (repos hebdomadaire, assurances du travail, salaire de la femme mariée…). Après sa réélection comme député en 1910, il fonda le « Parti républicain socialiste » et ne revint dans le gouvernement qu'en décembre 1913 jusqu'en juin 1914 avec le portefeuille de l'Instruction publique et des Beaux-arts. Poincaré l'appela alors pour prendre la Présidence du Conseil avec le poste de ministre des Affaires étrangères. Face à l'enchaînement des évènements, il ordonna la mobilisation de la France et annonça l'entrée en guerre dans un discours marquant à la Chambre. Il joua un rôle majeur durant cette période en présidant le gouvernement à Paris et à Bordeaux lors la première bataille de la Marne. Plus tard, il se rendit en Russie en 1916 et aux États-Unis en 1917 avec Joffre pour obtenir leur entrée en guerre. La paix revenue, il joua un rôle international actif et représenta la France à la SDN. Devenu sénateur il fut victime d'une crise d'apoplexie en juin 1923, qui le laissa paralysé jusqu'à sa mort, à l'âge de 63 ans.

(IIIe République)

Waldeck-Rousseau Pierre
(1846 – 1904)

Avocat de formation, Pierre Waldeck-Rousseau, d'abord député, fut l'un des principaux représentants des républicains modérés. Il fut ministre de Gambetta puis de Jules Ferry dans les années 1880. C'est lui qui fit voter, en mars 1884, la célèbre loi sur l'autorisation des syndicats dans l'entreprise. En tant qu'avocat, Gustave Eiffel fit appel à ses services, en janvier 1893, dans le procès de Panama. Enfin, en 1899, Waldeck fut appelé par le président Loubet pour former un gouvernement alors que l'affaire Dreyfus divisait les Français. Son gouvernement dit « de Défense républicaine », incluait le général de Galliffet d'un côté, et le socialiste Alexandre Millerand de l'autre. Ce ministère, en durant près de trois ans, fut le plus long de la IIIe République. Waldeck fut à l'origine, également, du vote en 1901 de la loi sur les associations. Son action marqua un tournant dans l'affaire Dreyfus, qui fut réhabilité. Au plan économique et social, il poursuivit à la fois une politique prudente et modérée, faite à la fois d'avancées sociales et d'une certaine modération, représentée par le ministre des Finances Joseph Caillaux. Dans l'ensemble, il fut soutenu par le camp républicain, allant de l'Alliance républicaine démocratique proche des milieux d'affaires aux socialistes « révolutionnaires » incarnés par Édouard Vaillant et surtout Jules Guesde.

(Guerre 39-40)

Weygand Maxime
(1867 – 1965)

D'origine belge, né de parents inconnus et adopté par un Français qui lui donna son patronyme et sa nationalité, Maxime Weygand sortit de Saint-Cyr, en 1887. Il fut affecté à un régiment de cavalerie. Dans les années 1900, comme de nombreux militaires antisémites il fut clairement antidreyfusard. Promu lieutenant-colonel en 1912, il devint instructeur à l'École de cavalerie de Saumur. En 1913, il entra au Centre des hautes études militaires, où le général Joffre le remarqua. Après la victoire, Weygand seconda Foch aux négociations d'armistice de Rethondes. Nommé Inspecteur général de l'armée, en 1931, il se retira en 1935. Rappelé par le Président Daladier en août 1939 pour diriger les forces françaises au Moyen-Orient, ce fut à lui que les politiques pensèrent pour remplacer, en mai 40, l'insuffisant général Gamelin. Mais hésitant lui-même et un peu dépassé, Weygand se montra rapidement en faveur d'un armistice. Partisan clairement de Vichy, Weygand insista cependant auprès de Pétain pour qu'il durcisse sa position à l'égard des Allemands, en Afrique du Nord. Arrêté plus tard par les nazis, après le débarquement allié de novembre 1942, il fut interné en Allemagne. En 1945, libéré par les Américains puis réexpédié en France, il fut d'abord arrêté comme collaborateur et, finalement, libéré en mai 1946. Weygand se consacra alors à la réhabilitation posthume du maréchal Pétain.

(Résistance intérieure)

Zey Jean
(1904 – 1944)

Fils d'un journaliste juif, Jean Zay revêtit la toge d'avocat au terme d'études brillantes. Élevé dans le protestantisme, il devint rapidement agnostique, entra dans la franc-maçonnerie et milita au parti radical-socialiste. Quatre ans plus tard, suite à la victoire du Front populaire, Léon Blum fit appel à lui au ministère de l'Éducation nationale. Au sein du Front populaire, et jusqu'à la guerre, Zey va cristalliser toutes les haines de la frange antisémite et antiparlementaire de l'opinion publique, notamment en raison de son engagement contre les accords de Munich qui lui valurent d'être accusé de bellicisme. En septembre 1939, il démissionna de son ministère pour s'engager comme sous-lieutenant. En juin 1940, à la veille de l'armistice, il embarqua à Bordeaux sur le « Massilia » avec Pierre Mendès-France et vingt-cinq autres parlementaires. Le bateau fut bloqué dans le port de Casablanca. Zey et Mendès France furent arrêtés. En octobre 1940, un tribunal militaire siégeant à Clermont-Ferrand le condamna à la déportation à vie et à la dégradation militaire. Il fut aussitôt incarcéré dans la prison de Riom. En juin 1944, alors que la défaite du IIIe Reich se profilait, trois miliciens mitraillèrent Jean Zay. Il fallut attendre mai 2015 pour que ce résistant malheureux rejoigne le cortège des ombres héroïques, au Panthéon.

TABLE DES MATIÈRES

Présentation générale	01
Aron Raymond	03
Auriol Vincent	04
Badinter Robert	05
Barbusse Henri	06
Barre Raymond	07
Barrot Jacques	08
Barthou Louis	09
Beaudoin Paul	10
Bérégovoy Pierre	11
Béthouart Antoine	12
Bidault Georges	13
Billotte Pierre	14
Billoux François	15
Bingen Jacques	16
Bloch-Lainé François	17
Blum Léon	18
Bollaert Émile	19
Bonnet Christian	20
Bouchinet-Serreules Claude	21
Boulanger Georges	22
Boulin Robert	23
Bourdet Claude	24

Bourges Yvon	25
Bourgès-Maunoury Maurice	26
Bousquet René	27
Bouthillier Yves	28
Brasillach Robert	29
Briand Aristide	30
Brinon Fernand de	31
Brossolette Pierre	32
Cachin Marcel	33
Caillaux Joseph	34
Carnot Sadi	35
Casimir-Périer Jean	36
Cassin René	37
Catroux Georges	38
Chaban-Delmas Jacques	39
Chalandon Albin	40
Charasse Michel	41
Chautemps Camille	42
Cheysson Claude	43
Chirac Jacques	44
Claudius-Petit Eugène	46
Clemenceau Georges	47
Combes Émile	48
Copeau Pascal	49
Cordier Daniel	50
Coty René	51

Couve de Murville Maurice	52
Crépeau Michel	53
Croizat Ambroise	54
D'Argenlieu Thierry	55
D'Astier de la Vigerie Emmanuel	56
D'Ornano Michel	57
Daladier Édouard	58
Darlan François	59
Darnand Joseph	60
Darquier de Pellepoix Louis	61
Dautry Raoul	62
De Broglie Albert	63
De Gaulle Charles	64
De la Rocque François	66
De Lattre de Tassigny Jean	67
Déat Marcel	68
Debré Bernard	69
Debré Michel	70
Decaux Alain	71
Defferre Gaston	72
Delbecque Léon	73
Delcassé Théophile	74
Delebarre Michel	75
Delestraint Charles	76
Delors Jacques	77
Deniau Jean-François	78

Déroulède Paul	79
Deschanel Paul	80
Dewavrin André	81
Diethelm André	82
Doriot Jacques	83
Doumergue Gaston	84
Dreyfus Alfred	85
Druon Maurice	86
Duclos Jacques	87
Dufaure Jules-Armand	88
Duhamel Jacques	89
Dumas Roland	90
Dupuis Charles	91
Durafour Michel	92
Éboué Félix	93
Emmanuelli Henri	94
Esterhazy Ferdinand	95
Esteva Jean-Pierre	96
Fabre Robert	97
Fallières Armand	98
Faure Edgar	99
Faure Félix	100
Faure Maurice	101
Ferry Jules	102
Fillioud Georges	103
Flandin Pierre-Etienne	104

Foch Ferdinand	105
Fontanet Joseph	106
Fouchet Christian	107
Frenay Henri	108
Frey Roger	109
Freycinet Charles de	110
Gaillard Félix	111
Galley Robert	112
Gallieni Joseph	113
Gambetta Léon	114
Gamelin Maurice	115
Garaud Marie-France	116
Gerlier Pierre-Marie	117
Giraud Henri	118
Giroud Françoise	119
Giscard d'Estaing Valéry	120
Gorce Georges	122
Gouin Félix	123
Grenier Ferdinand	124
Grévy Jules	125
Guéna Yves	126
Guesde Jules	127
Guichard Olivier	128
Haby René	129
Hamon Léo	130
Henriot Philippe	131

Henry Hubert	132
Hernu Charles	133
Herriot Édouard	134
Huntziger Charles	135
Jaurès Jean	136
Jeannenay Jules	137
Jobert Michel	138
Joffre Joseph	139
Jouhaux Léon	140
Juillet Pierre	141
Juin Alphonse	142
Kiejman Georges	143
Koenig Pierre	144
Laborde Jean de	145
Lacoste Robert	146
Laniel Joseph	147
Larminat Edgar de	148
Laval Pierre	149
Lebrun Albert	150
Lecanuet Jean	151
Leclerc Philippe	152
Legentilhomme Paul	153
Léotard François	154
Letourneau Jean	155
Loubet Émile	156
Luchaire Jean	157

Lyautey Hubert	158
Malraux André	159
Mandel Georges	160
Marcellin Raymond	161
Marchais Georges	162
Marie André	163
Martinaud-Deplat Léon	164
Massigli René	165
Massu Jacques	166
Mauroy Pierre	167
Maurras Charles	168
Mayer Daniel	169
Mayer René	170
Mendès-France Pierre	171
Menthon François de	172
Messmer Pierre	173
Michelet Edmond	174
Millerand Alexandre	175
Mitterrand François	176
Moch Jules	178
Mollet Guy	179
Monnerville Gaston	180
Monnet Jean	181
Monory René	182
Morice André	183
Moulin Jean	184

Muselier Émile	185
Navarre Henri	186
Nivelle Georges	187
Noguès Charles	188
Ortoli François-Xavier	189
Painlevé Paul	190
Parodi Alexandre	191
Pasqua Charles	192
Paul Marcel	193
Pelletan Camille	194
Pétain Philippe	195
Peyrefitte Alain	196
Peyrouton Marcel	197
Pflimlin Pierre	198
Philip André	199
Picquart Georges	200
Pinay Antoine	201
Pineau Christian	202
Pisani Edgar	203
Pléven René	204
Poher Alain	205
Poincaré Raymond	206
Pompidou Georges	207
Poniatowski Michel	209
Pons Bernard	210
Poperen Jean	211

Pucheu Pierre	212
Queuille Henri	213
Quilès Paul	214
Quilliot Roger	215
Ramadier Paul	216
Raimond Jean-Bernard	217
Rebatet Lucien	218
Renault Gilbert	219
Reynaud Paul	220
Ribot Alexandre	221
Rocard Michel	222
Rol-Tanguy Henri	223
Salan Raoul	224
Sarraut Albert	225
Sarre Georges	226
Sartre Jean-Paul	227
Sauvagnargues Jean	228
Savary Alain	229
Schuman Robert	230
Schumann Maurice	231
Séguin Philippe	232
Servan-Schreiber Jean-Jacques	233
Simon Jules	234
Soisson Jean-Pierre	235
Soustelle Jacques	236
Stoleru Lionel	237

Taittinger Jean	238
Tanguy-Prigent François	239
Tardieu André	240
Teitgen Pierre-Henri	241
Thiers Adolphe	242
Thomas Albert	243
Thorez Maurice	244
Tillon Charles	245
Tixier Adrien	246
Tixier-Vignancourt Jean-Louis	247
Trarieux Ludovic	248
Vaillant Édouard	249
Vallat Xavier	250
Veil Simone	251
Viannay Philippe	252
Viénot Pierre	253
Viviani René	254
Waldeck-Rousseau Pierre	255
Weygand Maxime	256
Zey Jean	257

✶✶✶✶✶✶✶✶✶✶✶✶✶✶✶✶✶✶✶✶✶✶✶✶✶✶✶✶✶✶✶✶✶✶✶✶✶